W0463496

Englische Wirtschaftsbegriffe

Bedeutung und Zusammenhänge

Hans-Dieter Seibert

HAUFE.

Vorwort

Die Nachrichten in den Medien sind voll mit Fachtermini zu Wirtschaft, Finanzen und Börse – und meist sind dies englische Begriffe. Auch in den Unternehmensalltag fanden viele davon Eingang. Diese Vielzahl von Anglizismen ist für uns schon so selbstverständlich geworden, dass wir uns häufig gar nicht mehr bemühen zu hinterfragen, was diese Begriffe wirklich bedeuten.

Dadurch wird es oft schwierig, den Inhalt von Nachrichten tatsächlich zu erfassen und kritisch zu analysieren. Gerade im Kontext der Finanzkrise werden beständig neue, speziell auf den Finanzbereich zugeschnittene angloamerikanische Fachausdrücke produziert, so dass selbst Fachleute aus dem Bank- und Börsenbereich beim Verstehen dieser Begriffe schwerlich nachkommen.

In dem vorliegenden TaschenGuide können Sie nun jederzeit schnell nachschlagen und so die „Geheimsprache" der Wirtschaftsanglizismen entschlüsseln sowie den Ursprüngen und Zusammenhängen wichtiger Fachtermini und Redewendungen auf die Spur kommen. Dem geschätzten Leser, ob interessierter Laie oder routinierter Experte, wünsche ich zudem viel Spaß bei der individuellen Entdeckungsreise durch das Buch.

Hans-Dieter Seibert

AAA: Die Bestnote, die eine Rating-Agentur einem Wertpapier oder einem Land geben kann. Sie weist auf die ausgeprägte Fähigkeit eines Unternehmens oder eines Landes hin, Zinsen zu bedienen und geliehenes Kapital zurückzahlen zu können. Für eine Übersicht zu den Rating-Noten siehe die Tabelle Seite 193.

ABS → Asset Backed Securities

Accumulate: Im Jargon der Finanzanalysten eine Kaufempfehlung, die einen Hauch bestimmter ist als „Add". Siehe die Übersicht Seite 233.

Acid Test: Ins Deutsche lässt sich dieser Begriff am besten mit „Feuerprobe" übersetzen. Gemeint ist damit eine Überprüfung von Liquidität und Kreditwürdigkeit eines Unternehmens. Hierbei wird als Kennzahl die Acid Test Ratio (ATR) ermittelt. Die Acid Test Ratio dient als Indikator dafür, wie gut ein Unternehmen kurzfristige Verbindlichkeiten mit seinem Umlaufvermögen bedienen kann.

$$\text{Acid Test Ratio} = \frac{\text{liquide Mittel} + \text{kurzfristige Forderungen}}{\text{kurzfristige Verbindlichkeiten}}$$

ACORN (Association of Community Organizations for Reform Now): Ein in den USA, Argentinien, Kanada, Mexiko und Peru tätiger Dachverband, der in den USA über 400.000 Mitglieder hatte und ein Budget von über 100 Mio. USD verwaltete. Ursprünglich wurde diese gemeinnützige Gesellschaft gegründet, um sozialschwachen Menschen in Arkansas zu helfen und gegen die Praxis der Vergabe von Wucherkrediten vorzugehen. Im Übrigen setzte sich ACORN auch stark für die Vergabe von Immobilienkrediten an Darlehensnehmer mit schwacher Bonität ein. Diese Immobilienkredite für Schuldner mit schwacher Bonität heißen auch Subprime-Kredite. Amerikanischen Internetberichten zufolge ist der spätere US-Präsident Barack Obama 1992 als freiwilliger Helfer für ACORN tätig gewesen, 1993 vertrat er die Organisation sogar als Anwalt der Kanzlei Miner, Barnhill & Galland in einem Rechtsstreit gegen den US-Bundesstaat Illinois.

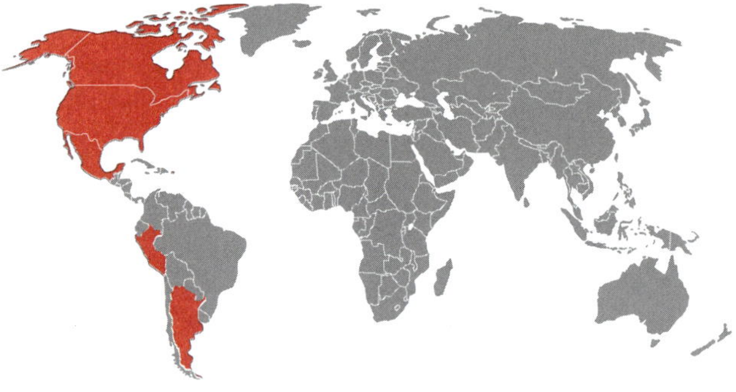

Karte der ACORN-Staaten (rot)

Acquirer: Eine Firma oder ein Finanzinstitut, das mit Händlern, Hotels, Autovermietungen, Tankstellen oder anderen Unternehmen einen Vertrag über die Akzeptanz von Kredit- oder Bankkarten als Zahlungsmittel für Güter und Dienstleistungen vereinbart. Zudem bietet der Acquirer diesen Unternehmen an, die Abrechnung der Kartenzahlungen für sie zu übernehmen.

ACU → Asian Currency Unit

Add: Drückt in der Fachsprache der Finanzanalysten eine schwache Kaufempfehlung aus. Siehe die Übersicht Seite 233.

ADR → American Depositary Receipt

ADS → American Depositary Share

Advance/Decline Line: Begriff aus der technischen Aktienanalyse. Diese sogenannte Anstiegs- und Abstiegslinie ergibt sich aus der Differenz der gestiegenen und der gefallenen Aktien eines Tages. Sie wird jeden Tag weitergeschrieben.

Affinity Program: Konzepte der Belohnung guter oder treuer Kunden. So kann beispielsweise eine Bank solchen Kunden die bevorzugte Zuteilung der Aktien von Neuemissionen ermöglichen. Oder ein Unternehmen kann tüchtige Mitarbeiter im Zuge eines Affinity Programs mit besonderen Anreizen wie Sonderurlaub oder Prämien belohnen.

Aggressive Buying: Eine risikobehaftete Kauf- und Investmentphilosophie, bei der durch die bereitwillige Inkaufnahme erheblicher Risiken außerordentliche Renditen erzielt werden sollen. Beispielsweise erwirbt ein Anleger Stammaktien eines jungen, wachstumsfreudigen Hightech-Unternehmens und spekuliert auf hohe Kursgewinne der Wertpapiere dieser Gesellschaft.

AGM → Annual General Meeting

AIBD (Association of International Bond Dealers): Internationale Vereinigung von Emissionsbanken und Händlern, die im Geschäft mit Anleihen tätig sind. Gegenwärtig zählt die AIBD um die 800 Mitglieder in 30 Ländern.

AIFM → Alternative Investment Fund Managers

All Risks Insurance: Eine Versicherung, die grundsätzlich alle denkbaren Risiken absichert.

All-Time High: Der historische Höchstkurs eines Wertpapiers oder eines Index.

All-Time Low: Der historisch niedrigste Kurs eines Wertpapiers oder eines Index.

Alpha Stocks: Jene 60 Aktien, die am lebhaftesten gehandelt werden. Mittlerweile wird der Begriff nur noch selten verwendet und gilt als veraltet.

Alpine Bonds: In US-Dollar aufgelegte Anleihen, die für Schweizer Kapitalanleger oder Investoren in der Schweiz bestimmt sind und dort auch ausgereicht werden.

Alternative Investment Fund Managers (AIFM): Führungskräfte sogenannter alternativer Investmentfonds, worunter Hedgefonds und Private-Equity-Fonds fallen. Eine von der Europäischen Union am 29. 04. 2009 erlassene Richtlinie sieht vor, dass auch die Führungskräfte von alternativen Investmentfonds Informationspflichten gegenüber den Investoren nachkommen müssen und der Wertpapieraufsicht unterworfen werden. Mit dieser Richtlinie setzt die Europäische Union Forderungen der G20-Gipfel nach einer stärkeren Überwachung insbesondere von Hedgefonds um. Dadurch, dass die Vorschrift die Führungskräfte dieser Kapitalsammelstellen in die Pflicht nimmt, kann auch auf die in Steueroasen angesiedelten Hedge- und Private-Equity-Fonds Einfluss ausgeübt werden.

American Depositary Receipt (ADR): Von amerikanischen Banken herausgegebene Zertifikate für nicht-amerikanische Aktien. Diese werden von den nordamerikanischen Banken, die als Hinterlegungsstelle fungieren, für eine gewisse Zahl von erstklassigen ausländischen Aktien ausgegeben und am amerikanischen Kapitalmarkt gehandelt. Das Hilfsmittel ADR erleichtert den Handel nicht-amerikanischer Unternehmen an den amerikanischen Wertpapiermärkten. Denn die direkte Zulassung nicht-amerikanischer Unternehmen an einer amerikanischen Börse ist mit großem Aufwand und hohen Kosten verbunden.

American Depositary Share (ADS): Aktie, die auf der Grundlage einer ADR ausgereicht wurde und an einem amerikanischen Kapitalmarkt gehandelt wird.

American Dream Downpayment Assistance Act: Mit diesem von Präsident George W. Bush am 16. 12. 2003 unterzeichneten Gesetz sollte etwa 40.000 Familien jährlich mit einer Unterstützung bei der Anzahlung und bei den mit dem Immobilienerwerb verbundenen Kosten geholfen werden, sich ein eigenes Heim zuzulegen. Absicht dieses ehrgeizigen Vorhabens war es, bis zum Ende des Jahrzehnts über eine Million Amerikaner zu Hauseigentümern zu machen.

American Foreign Trade Definitions: US-amerikanische Außenhandelsklauseln. Diese Bestimmungen bestehen schon seit 1919. Sie können als amerikanischer Vorgänger der Incoterms angesehen werden, die erst viele Jahre später in Gebrauch kamen.

American National Standards Institute (ANSI): Gemeinnützige Organisation in den USA, die sich mit allen Fragen der freiwilligen Standardisierung und der Normierung befasst. Außerdem stimmt die Gesellschaft amerikanische Standards mit internationalen Standards ab, damit amerikanische Produkte auch weltweit eingesetzt werden können. Das Institut wurde 1918 gegründet und hat seinen Sitz in Washington.

American Style Option: Eine Kauf- oder Verkaufsoption, die während ihrer gesamten Laufzeit ausgeübt werden kann. Vergleiche → European Style Option.

AMEX (American Stock Exchange): Die kleinere der beiden in New York situierten Wertpapierbörsen, auch bekannt als „Curb Exchange" oder „Little Board". Es sind vor allem kleinere Unternehmen, deren Aktien und Anleihen dort gehandelt werden. Da die AMEX weniger strenge Zulassungsbedingungen hat als die große NYSE, lassen sich viele Firmen erst an der AMEX notieren, bevor sie die Börsenzulassung an der NYSE beantragen. Seit die AMEX zur NYSE-Euronext-Gruppe hinzugefügt wurde, lautet ihr offizieller Name „NYSE Amex".

Um Konfusionen zu vermeiden, wird sie jedoch weiterhin meist einfach als AMEX bezeichnet.

Analyst Packages: Bündel von gezielten Informationen für Analysten zur Unterstützung ihrer Aufgabe, Unternehmen und Unternehmensstrategien zu analysieren und zu bewerten. Konkret handelt es sich bei den Analyst Packages um Standardinformationen über Unternehmen, wie Umsatz, Gewinn nach Steuern, Zahl der Mitarbeiter und Niederlassungen sowie konkrete Planungen für die Zukunft der Firma.

Angel Investor: Synonym für einen Business Angel. Beide Begriffe leiten sich vom englischen Ausdruck für Schutzengel (guardian angel) ab. Was der Schutzengel für die Menschen im täglichen Leben tut, soll der Angel Investor oder Business Angel in geschäftlichen Angelegenheiten bewirken. Zum Angel werden im Finanzbereich tätige Privatpersonen oder Unternehmen, die jungen Start-up Unternehmen Risikokapital bereitstellen. Dies tun sie in einer Phase, in der amerikanische Kapitalbeteiligungsgesellschaften noch gar nicht erst daran denken würden, einzusteigen. Als Gegenleitung für diese Kapitalspritze verlangen die Angels in der Regel Unternehmensanteile – meist Aktien – von dem neugegründeten Unternehmen. In den USA gibt es schätzungsweise 200.000-300.000 Angel Investors, die gleichsam das Rückgrat der Venture-Capital-Industrie in den USA darstellen. Ein sehr wichtiger Faktor ist, dass Angel Investors den jungen, wachstumsfreudigen Unternehmen in der Regel neben Risikokapital auch wertvolles Know-how und ein exzellentes Netzwerk mitbringen.

Animals: Amerikanische Nullkuponanleihen müssen zur Einlösung bei einer Investmenbank in Verwahrung gegeben werden. Diese Wertpapiere werden oft unter dem Namen von Tieren wie Cats (Katzen), TIGR (Tiger) oder Lions (Löwen) verkauft, daher heißen sie auch Animals (Tiere) oder Felines (Katzenarten).

Annual Floating Rate Note: Spielart der Floating Rate Note, bei der die Zinszahlungen jährlich erfolgen.

Annual General Meeting (AGM): Alljährliche Hauptversammlung der Aktionäre oder Gesellschafter einer Kapitalgesellschaft.

Annual Report: Der für die Öffentlichkeit bestimmte Jahresbericht einer Kapitalgesellschaft im angloamerikanischen Rechtskreis. Dieser legt am Ende des Geschäftsjahres die finanzielle Situation eines Unternehmens offen. Der Bericht enthält die Beschreibung der Aktivitäten des Unternehmens, eine Erläuterung der Bilanz sowie eine Aussicht auf die Zukunftsperspektiven des Unternehmens. Bei Aktiengesellschaften ist der Annual Report gemäß den Vorgaben der SEC an alle Aktionäre zu verteilen.

ANSI → American National Standards Institute

Antitrust Laws: Gegen Monopole und Kartellbildung gerichtete Gesetzgebung. Als Grundlage der amerikanischen Anti-Trust-Gesetze gelten die noch unter Präsident Sherman 1890 gefassten Vorschriften zur Bekämpfung wettbewerbsfeindlicher Wirtschaftsstrukturen. Diese Gesetze sind ebenso wie die in der Roosevelt-Ära erlassenen Anti-Trust-Vorschriften mehrfach durch den Obersten Gerichtshof der Vereinigten Staaten abgeändert worden.

Arranger: Ein Kreditinstitut, das sich um die gesamte Finanzstruktur eines Privat- oder Firmenkunden kümmert. Es sorgt für die Ausstattung des Kunden mit Finanzmitteln und verwaltet alle Zahlungsein- und Zahlungsausgänge.

ASEAN (Association of South East Nations): Der Staatenbund der Länder Südostasiens. In der Zeit des Kalten Krieges sollte der Staatenbund ein militärisch und politisch ausgerichteter Zusammenschluss asiatischer Staaten werden. Jedoch blieb die ASEAN immer nur eine lockere Verbindung zwischen diesen.

Karte der ASEAN-Staaten (rot)

Asian Currency Unit (ACU): Ein in Asien geplantes Vorhaben, eine Kunstwährung aus in Asien gehandelten Währungen nach dem Vorbild des ECU (European Currency Unit, Vorläufer des Euros) zu schaffen, aus der später eine gemeinsame asiatische Währung hervorgehen könnte. Der Plan wird bislang von führenden Finanzexperten in- und außerhalb Asiens als träumerische Spielerei angesehen.

Ask: Auch „Asked Price" genannt, in Deutschland „Briefkurs"; kennzeichnet den geringsten Preis, für den ein Kapitalanleger bereit ist, sein Wertpapier am Kapitalmarkt zu veräußern. Dementsprechend steht für einen „Ask" stets ein bestimmter Zahlenwert.

Asset Allocation: Die systematische Aufteilung des Vermögens auf verschiedene Investitionsmöglichkeiten wie Aktien, Anleihen und Barmittel oder auch verschiedene Länder und Institutionen. Die Strukturierung erfolgt nach individuellen Kriterien wie Risiko, Rendite, Liquidität sowie Situation und Zielsetzung des Unternehmens. Die Asset Allocation ist eine wichtige Anlagestrategie, deren Zielsetzung darin liegt, Risiken möglichst gering zu halten und die Chancen der Kapitalvermehrung zu erhöhen.

Asset Backed Securities (ABS): Vom Grundgedanken her Wertpapiere, die durch relativ sichere Forderungen oder werthaltige Vermögensgegenstände (beispielsweise Musikrechte oder Rohstoffe) rückgedeckt sind. Allgemein funktioniert eine ABS-Finanzierung so, dass Forderungen, Darlehen oder Vermögensgegenstände vom Eigentümer an eine sogenannte Special Purpose Company verkauft werden. Diese Zweckgesellschaft gibt Anleihen oder Aktien aus, die durch die erworbenen Forderungen, Darlehen oder sonstigen Vermögensgegenstände gedeckt sind. Allerdings wurden die ABS im Zuge der Subprime-Finanzierung auch zur Verbriefung der Darlehen von Immobilienbesitzern mit schlechter Bonität missbraucht, was zu einer Verbreitung von Wertpapier-Müll auf der ganzen Welt geführt hat. Denn als bekannt wurde, dass Kreditnehmer ihren Verpflichtungen nicht mehr nachkommen konnten, wurden die Anleihen wie auch die Aktien wertlos; die ABS gerieten dabei – zu Unrecht – in Misskredit.

Asset Deal: Geschäft mithilfe der Vermögensgegenstände des Unternehmens. Für eine Unternehmensübernahme oder einen Unternehmenserwerb gibt es grundsätzlich zwei Möglichkeiten: Asset Deal oder Stock Deal. Beim Asset Deal werden alle wesentlichen Vermögenswerte aus dem Unternehmen herausgekauft, bis nur noch die Hülle der Firma zurück bleibt. Beim **Stock Deal** muss der Erwerber so viele Aktien an dem zu übernehmenden Unternehmen erwerben, bis er es beherrscht.

Asset Stripping: Verfahren, bei dem nach dem Aufkauf oder der Übernahme eines Unternehmens dessen einzelne Teile systematisch veräußert werden. Dies hat oft den Vorteil, dass der Wert der einzeln veräußerten Unternehmensteile größer ist, als wenn die Firma als Ganzes verkauft worden wäre. Zudem lassen sich dadurch auch stille Reserven besser freisetzen als bei einer Veräußerung des Unternehmens als Ganzes.

At best: Der Auftrag an einen Broker oder Dealer, Wertpapiere ohne Kursangabe bestmöglich, d. h. zum höchstmöglichen Kurs zu verkaufen.

ATM (Automatic Teller Machine): Gerät zum Abheben von Bargeld mit der EC- oder Kreditkarte, Geldautomat.

At the Money: Eine Option (bzw. ein Optionsschein) gilt als „At the Money", wenn ihr innerer Wert (auch als Umsetzungswert bezeichnet) gleich null ist. Beim Ausüben einer solchen Option würde man weder Gewinn noch Verlust machen. → In the Money → Out of the Money.

Averaging: Verfahren, bei dem ein Investor über einen längeren Zeitraum hinweg periodisch eine konstante Summe in Wertpapieren anlegt. Ziel dieser Vorgehensweise ist es, dass die Kapitalanlage zu dem bestmöglichen Durchschnittskurs erfolgen soll. Siehe auch → Cost Average.

B2A → Business-to-Administration

B2B → Business-to-Business

B2C → Business-to-Consumer

B2E → Business-to-Employee

B2G → Business-to-Government

Baby Bells: Der Kosename für regionale Telefonunternehmen in den USA, die als Entflechtungen und Tochtergesellschaften von AT&T nach dessen Auflösung im Jahr 1984 entstanden: Ameritech Bell, Altantic Bell, Southwestern Bell, Pacific Telesys, Nynex und U S West.

Baby Bonds: Vor allem in den USA praktizierte Ausgabe von Schuldverschreibungen mit sehr kleinen Nennwerten, also unter 1000 USD. Baby Bonds sind darauf ausgelegt, die breite

Masse anzusprechen und auch für den Normalbürger erschwinglich zu sein.

Backing: Die finanzielle Unterstützung eines Unternehmens beispielsweise durch Stützungskäufe. Konkret wird der Aktienkurs durch Aufkäufe vor dem Wertverfall bewahrt, was sowohl im Interesse der Anteilseigner als auch mittelfristig im Sinne der Beschäftigten der Gesellschaft liegt.

Backstop Technology: Der Ersatz eines erschöpflichen Rohstoffs oder Energieträgers durch einen nahezu unerschöpflichen. Dabei wird der als nahezu unerschöpflich vorhandene Rohstoff oder Energieträger „Backstop-Ressource" genannt. Beispielsweise wäre beim Ersatz von Heizöl durch Solarenergie die Solarenergie die Backstop-Ressource.

Bad Assets: Synonym für Toxic Assets. Ein Beispiel sind jene ABS, die auf wenig werthaltigen oder wertlosen Vermögensgegenständen fußen.

Bad Bank: Ein Kreditinstitut, dessen Geschäftszweck es ist, sogenannte notleidende Darlehen und Derivate abzuwickeln. Das Konzept der Bad Bank hat sich während der 90er Jahre sowohl in Japan als auch in Schweden besonders bewährt. Die Bundesregierung hat 2009 im Zuge der Finanzkrise für alle Geschäfts- und Landesbanken die gesetzlichen Voraussetzungen geschaffen, damit diese auf freiwilliger Basis ihre eigenen Bad Banks gründen können. Für die von Toxic Assets betroffenen Banken hat die Gründung eigener Bad Banks den Vorteil, dass diese mittels ihrer Bad Banks die eigene Bilanz bereinigen und Eigenkapital freisetzen können. Allerdings wurde dies nur dadurch möglich, dass neben den betroffenen Kreditinstituten in letzter Instanz der Staat für die Altlasten der Bad Banks haftet.

Bad Will → Good Will

Bail Bond Business: Das Kautionsvermittlungsgewerbe in den USA, das sich als boomender Wirtschaftszweig zu einer Multimillionen-Dollar-Industrie entwickelt hat. Die Vermittler von Gefängniskautionen gelten in den USA sogar als Organe der Rechtsordnung und haben auch gewisse hoheitliche Befugnisse.

Bail-out: Die finanzielle Rettung eines wankenden Unternehmens, einer Bank oder selbst eines Staates durch den Staat oder eine Gebietskörperschaft oder auch einen Staatenbund wie die EU. Oft geben politische Beweggründe den Ausschlag für die staatliche Unterstützung. Manchmal sprechen auch zwingende wirtschaftliche Erwägungen für einen Bail-out durch den Staat. Ein aktuelles Beispiel dafür war die Rettung von Banken durch alle großen Staaten der G20, um ein drohendes wirtschaftlichen Chaos zu verhindern.

Ballooning: Der Ausdruck ist der Ballonfahrt entlehnt und bezeichnet das Aufblasen der Kunststoffhülle des Ballons. In der Finanzwelt steht dieser Ausdruck für ein künstliches Aufblähen des Kurses eines Wertpapiers.

Balloon Loan: Form eines langfristigen Kredits – häufig eine Hypothekenfinanzierung –, bei der die letzten Tilgungszahlungen des Kredits (Balloon Payment) überdurchschnittlich höher sind als die vorhergehenden Tilgungsleistungen. Balloon Loans werden häufig dann abgeschlossen, wenn zum Zeitpunkt der Fälligkeit der letzten Zahlungen größere Zahlungseingänge oder günstigere Kreditbedingungen erwartet werden.

BANANA (Build Absolutely Nothing Anywhere Near Anything): Ironisch-abwertende Bezeichnung für Protestbewegungen gegen Bauvorhaben besonders in Großbritannien. Gezeichnet wird mit ihm das Bild eines Protestbürgers, der prinzipiell gegen absolut jedes Bauvorhaben Einwände erhebt. Auch wenn diese Art des Missbrauchs zivilen Widerstandes existent ist, darf nicht übersehen werden, dass Widerspruch und Kritik an öffentlichen Bauvorhaben ein legitimes Bürgerrecht sind. In den USA und international wird synonym auch das Wort „NIMBY" (Not In My Back Yard) verwendet.

Banana Republic: Noch vor einigen Jahren eine spöttische Bezeichnung für die Zustände in manchen Staaten Mittel- und Südamerikas, in denen Korruption und mangelnde Demokratie vorherrschten. Dort übten vom Ausland gesteuerte Gesellschaften, deren Geschäftszweck die Ausfuhr exotischer Früchte war, maßgeblichen Einfluss auf die Politik des Landes aus. Nunmehr ein allgemein gebräuchlicher Ausdruck für all jene Staaten, in denen Korruption und Misswirtschaft die Oberhand haben.

Banker Bashing: Der Begriff beschreibt die angespannte Lage während der globalen Finanzkrise 2007-2009, als man die Verantwortung für die Misere allein auf die Banken und ihre hochbezahlten Führungskräfte schob. Die Problematik einer überhöhten Staatsverschuldung wurde damals entweder nicht diskutiert oder nur als nebensächlich angesehen.

Banking Act of 1933 → Glass-Steagall Act of 1933

Bank of England: Britische Zentralbank/Notenbank, umgangssprachlich "Old Lady of Threadneedle Street" genannt

Bank-related Venture Capital Companies: Von Banken gegründete und von ihnen mit Finanzmitteln versehenc Risikokapitalgesellschaften oder von ihnen geführte Risikokapitalfonds.

Bankster: Kunstwort, das aus den Worten Banker und Gangster entstanden ist. Es soll ausdrücken, dass man manche Personen aus der Finanzbranche als Banditen betrachtet.

Bar Charts: Diagramme, in welchen Werte mittels dicker Balken verschiedener Größe dargestellt werden. Alternative: Candlestick Charts.

Barclays Bank: Ein Finanzinstitut mit Sitz am Churchill Place in London. Die Ursprünge dieser Bank reichen zurück bis in das Jahr 1736, als der Name des Bankhauses erstmals erwähnt wurde. Die Firma Barclays ist vielen Bankkunden als Pionier auf dem Feld der Geldautomaten und der Kredit- und Bankkarten bekannt. So stellte sie in einer ihrer Filialen 1967 den ersten Bankautomaten der Welt auf. 2008 hatte Barclay um die 150.000 Mitarbeiter und erzielte einen Umsatz von ungefähr 23 Milliarden Pfund. Während der Finanzkrise bedurfte es nahezu 7 Milliarden Pfund, um die Bank vor ihrem Niedergang zu bewahren.

Barter Business: Reines Tauschgeschäft, bei dem zwei Marktteilnehmer Warenlieferungen in gleichem Wert ohne Geldzahlungen regulieren.

Base Currency: In der Sprache des Devisenhandels die erste Währung eines Devisenpaares. In dem Währungspaar USD/EUR wäre USD die Base Currency. EUR wäre in diesem Fall die Counter Currency, sie gibt an, wieviele Einheiten von ihr aufgewendet werden müssen, um eine Einheit der Base Currency zu erwerben.

Battle of Forms: Dieser Fachausdruck beschreibt eine Situation, die bei grenzüberschreitenden Vertragsverhandlungen auftreten kann. Wenn bei grenzüberschreitenden Geschäften jede Vertragspartei eigene, auf dem jeweiligen nationalen Recht fußende Vertragsbestimmungen zugrunde legen möchte, entstehen rasch potenzielle Widersprüche hinsichtlich der Vertragsbestimmungen. Ein gutes Beispiel für eine solche Situation ist, wenn bei einem Außenhandelsgeschäft jede Vertragspartei eigene Lieferbedingungen festlegen möchte.

BCG → Boston Consulting Group

Bear: Börsenjargon für beständig fallende Kurse, auch „Bärenmarkt" oder französisch „Baisse" genannt. Der Bär gilt als jenes Börsentier, das die Kurse je nach Interpretation entweder durch die ungeschickten Bewegungen seiner Tatzen nach unten drückt oder mit seinen mächtigen Pranken niederringt. Als Bears gelten auch Personen, die an zukünftig sinkende Kurse glauben. Gegenteil: Bulls.

Bear Hug: Als Bear Hug oder Bärenumarmung bezeichnet man ein als feindlich empfundenes Übernahmeangebot, bei der ein potenzieller Käufer einen deutlich über dem Marktwert liegenden Preis für die gewünschten Zielaktien bietet und es so dem auserwählten Unternehmen besonders schwer macht, eine Übernahme abzuwehren.

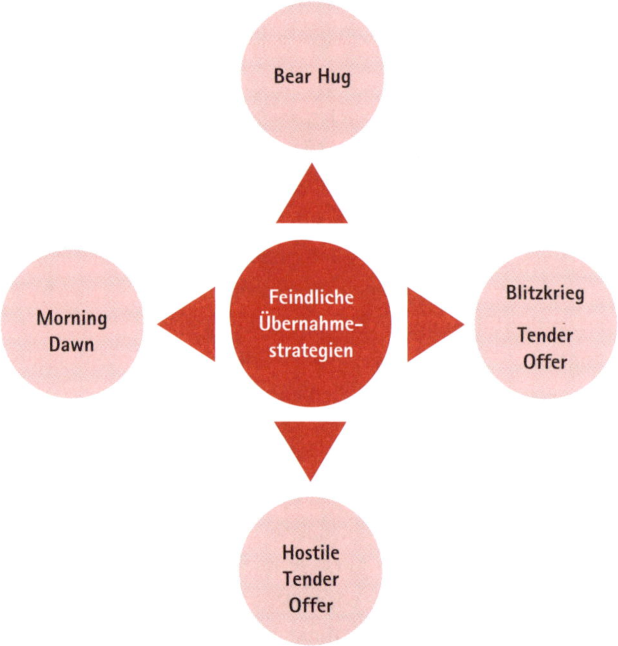

Feindliche Übernahmestrategien

Bear Raid: Gemäß dem Securities Exchange Act von 1934 ist ein Bear Raid der strafbewehrte Versuch, den Aktienkurs eines Unternehmens durch Verkäufe mit manipulativer Absicht einsacken zu lassen. Eine Übersicht mit weiteren illegalen Börsenpraktiken finden Sie auf Seite 105.

Bear Trap: Fehlentscheidung eines auf fallende Kurse hoffenden Anlegers, der seine Überzeugungen einseitig aus den Erkenntnissen der technischen Aktienanalyse gewonnen hat. Gegenstück: Bull Trap.

Beauty Contest: Als Beauty Contest oder Schönheitswettbewerb bezeichnet man Veranstaltungen, bei denen Banken darum werben, Unternehmen als Konsortialführer beim Börsengang begleiten zu dürfen.

Bed and Breakfast Deal: Der Ausdruck Bed and Breakfast entstammt ursprünglich der britischen Gastronomie und stellt ein sehr beliebtes Angebot von Übernachtung mit Frühstück in Gastfamilien dar. In der Börsenwelt ist ein Bed and Breakfast Deal der Verkauf von Aktien oder anderen Wertpapiere an einem Abend und deren Rückkauf am nächsten Morgen. Hintergründe für das Aufkommen solcher Verfahren waren Überlegungen zur optimalen steuerlichen Regulierung von Gewinnen oder Verlusten.

Beggar My Neighbour Policy: Der Name bezieht sich auf ein Kartenspiel, bei dem es darum geht, alle Karten der Mitspieler zu gewinnen. Als Beggar My Neighbour Policy bezeichnet man das Abschieben wirtschaftlicher Lasten auf Handels-

bzw. Geschäftspartner oder auf andere Mitgliedsländer einer politischen oder auch wirtschaftlichen Union.

Beige Book: Der US-amerikanische Bundesbankbericht. Sein charakteristischer beige-farbener Einband brachte hm diesen Namen ein.

Benchmark: Benchmarks sind Vergleichswerte, mit denen die Wertentwicklung von Investmentfonds und Wertpapieren messbar gemacht wird.

Bid: Verkaufskurs oder Geldkurs eines Wertpapiers oder einer Währung.

Big Apple: Eine geläufige Bezeichnung für die Metropole New York. Zuerst hat der auf die Berichterstattung von sportlichen Ereignissen spezialisierte Reporter John Fitzgerald Anfang der 20er Jahre des 20. Jahrhunderts diese Formulierung benutzt. In einem Artikel über die damals sehr beliebten Wetten auf Pferderennen in New York schrieb er, dass für die Spekulanten das große Geld und für die Pferde höchstens ein großer Apfel als möglicher Gewinn winken. Dieser witzigen Anspielung verdankt New York wahrscheinlich seinen Spitznamen als Big Apple.

Big Bang: Im Finanzwesen versteht man unter Big Bang nicht den Urknall, sondern die City Revolution an der Londoner Börse. Schließlich begriff man dort die am 27. 10. 1986 erfolgte Umstellung des Handels vom Parketthandel zum elektronischen Handel als umwälzendes Ereignis.

Big Blue: Spitzname für das amerikanische Computer-Unternehmen IBM. Seit Jahrzehnten gilt IBM als eines der weltweit bedeutsamen Unternehmen der Computer-Industrie, das zudem in verschiedenen Marktsegmenten gut aufgestellt ist.

Big Board: Anzeigesystem an der NYSE oder, davon abgeleitet, die NYSE selbst.

Big Board Stocks: All jene Aktien, die an der NYSE gehandelt werden. Da die New York Stock Exchange größer ist und strengere Zulassungsbedingungen kennt als die AMEX, gilt es als Gütesiegel, wenn Aktien an der NYSE notieren.

Big Deal: Ein Geschäftsabschluss, der als sehr bedeutsam angesehen wird.

Big Four: Die vier größten britischen, amerikanischen oder japanischen Banken; auch benutzt für die vier größten britischen, amerikanischen oder japanischen Maklerfirmen. Wahrscheinlich zählen dazu bald auch die vier größten chinesischen Banken oder die vier größten in China ansässigen Maklerfirmen.

Big Labor: Die großen landesweit organisierten Gewerkschaften in den USA. Der Begriff wurde zum ersten Mal in der Roosevelt-Ära des New Deal benutzt.

Big Money: Bezeichnung für das amerikanische Großkapital in den 20er und 30er Jahren.

Big Names: Mit diesem Ausdruck werden große, namhafte Unternehmen in den USA tituliert.

Big Player: Synonym für Big Names; hat seine Wurzeln wahrscheinlich im Pokerspiel.

Big Push: Massive Kapitalspritze für Entwicklungsländer in der Absicht, diesen ein starkes und anhaltendes Wirtschaftswachstum zu ermöglichen.

Big Uglies: Umweltverschmutzende Branchen wie die Erdölförderung oder die Raffinierung von Erdöl, die Stahlerzeugung und der Bergbau.

Biofuel: Mehrheitlich aus Pflanzen oder Pflanzenteilen hergestellte Treibstoffe wie Bioethanol, Biodiesel und Bioerdgas, welche die auf der Grundlage von Erdgas oder Erdöl hergestellten Treibstoffe ersetzen sollen.

Black Economy: Der Teil der Wirtschaft, der durch Schwarzarbeit und in der Grauzone der Legalität anzusiedelnde Geschäfte bestimmt ist.

Black Friday: dt. Schwarzer Freitag. Mit diesem Datum ist Freitag der 24. 09. 1869 gemeint, als der Kapitalmarkt in den USA aufgrund der Machenschaften von Goldspekulanten zum ersten Mal sehr deutlich einbrach. Einen Zeitstrahl mit weiteren Crashs finden Sie auf Seite 220.

Black Knight: Ein „schwarzer Ritter" ist ein Investor, der überfallartig ein feindseliges Übernahmeangebot für ein Unternehmen abgibt. Der Ausdruck fußt in der Mythologie der Artussage. In dieser galten die schwarzen Ritter und die Assassinen als die Feinde des legendären König Artus mit seiner Tafelrunde. Siehe auch die Übersicht Seite 247.

Blackmailing: Erpressung. Der Ursprung des Wortes geht auf die Epoche der Piraterie zurück. In dieser Zeit bedeutete Blackmailing, dass Freibeuter von Städten oder Seeleuten Schutzgeld einforderten. Eine anschauliche Beschreibung der Wortherkunft findet sich in Robert Louis Stevensons Roman „Die Schatzinsel". Darin wird aufgezeigt, dass Piraten Drohungen oder Warnungen oft aussprachen, indem sie einen schwarzen Tintenfleck auf eine herausgerissene Seite aus der Schiffsbibel anbrachten. Für die Freibeuter war diese Form der Drohung einfach und allgemein verständlich, da die meisten von ihnen Analphabeten waren.

Black Monday: Zusammenbruch des amerikanischen Kapitalmarktes am Montag, den 19. 10. 1987, in dessen Folge mehrere Wertpapiermärkte auf der ganzen Welt einbrachen und in kurzer Zeit hohe Wertverluste an diesen Börsen eintraten. Beispielsweise verlor allein der Dow Jones Industrial Average 22,61 % im Zuge dieses Crashs. Einen Zeitstrahl mit weiteren Crashs finden Sie auf Seite 220.

Blackout Period: Der Zeitraum vor einem Börsengang, in dem keine Empfehlungen abgegeben werden dürfen und in dem die betroffene Aktie auch nicht gehandelt werden darf. Siehe auch → Quiet Period.

Black Swan: Dieser Terminus wurde von einem ehemaligen Börsenhändler, dem Professor für Finanzwissenschaften Nassim Nicholas Taleb geschaffen, um aufzuzeigen, dass an der Börse unvorhersehbare Ereignisse Einfluss auf die Entwicklung einzelner Wertpapiere oder der Börse insgesamt nehmen können. Der Begriff geht darauf zurück, dass vor der Entdeckung des in Australien heimischen Schwarzen Schwans (Black Swan) niemand vermutete, dass es nicht-weiße Schwäne gibt. Als Beispiel wird oftmals der von hochkarätigen Fachleuten geführte Long-Term-Capital-Management-Fonds genannt, der zusammenbrach, als Russland unerwartet der Rückzahlung von Staatsschulden nicht nachgekommen war.

Black Tuesday: Der „schwarze Dienstag" ist die Bezeichnung für den großen Einbruch an der Wall Street am 29. 10. 1929, dem in den USA eine zwölf Jahre währende große Depression folgen sollte. Man kann den Black Tuesday damit den schwersten Börsen-Crash in der Geschichte der Vereinigten Staaten von Nordamerika nennen. Einen Zeitstrahl mit weiteren Crashs finden Sie auf Seite 220.

Black Wednesday: Der „schwarze Mittwoch" bezieht sich auf den 16. 09. 1992, als die von den Konservativen geleitete britische Regierung sich gezwungen sah, das britische Pfund aus dem Europäischen Wirtschaftssystem EWS zu nehmen, welches in einer festgelegten Breite schwankende Wechselkurse zwischen den im EWS zusammengeschlossenen Ländern vorsah. Dieser Rückzug des britischen Pfunds war eine Folge des vom amerikanischen Spekulanten George Soros vorgenommenen Angriffs auf die Währung des Vereinigten Königreichs. Während Großbritannien durch die Spekulation ein Schaden von um die 4 Mrd. Pfund entstanden war, machte Soros einen Gewinn von ungefähr 1 Mrd. USD.

Blind Pool: Investment in einer Kapitalsammelstelle, die keine oder nur unpräzise Angaben über die Mittelverwendung der eingenommen Finanzmittel erteilt.

Blitzkrieg Tender Offer: Eine Angriffsstrategie aus dem Bereich der feindlichen Übernahmen. Analog zu einer von der Deutschen Wehrmacht im Zweiten Weltkrieg angewandten Taktik des Überraschungsangriffs ein rasches und unangekündigtes feindliches Übernahmeangebot für eine Firma. Siehe auch die Übersichtsgrafik Seite 20.

Blockbuster: Arzneimittel, die auf dem Markt sehr gut angenommen werden und daher Umsätze von mindestens 1 Milliarde USD einspielen.

Bloomberg TV: Ein in New York beheimateter Fernsehsender, der Finanzdaten und Finanznachrichten liefert und von der internationalen Finanzwelt auf der ganzen Welt gesehen wird.

Blue Bonds: Der Begriff ist im Kontext der Diskussion über die Einführung von Eurobonds zur Bewältigung der europäischen Finanz- und Schuldenkrise entstanden. Als Blue Bonds würden bei Einführung der Eurobonds solche von europäischen Staaten ausgereichte Staatsanleihen gelten, für die die Gesamtheit der Staaten der Europäischen Währungsunion haften würde. Siehe auch Red Bonds.

Eurobonds

Die Eurobonds im Vergleich

Blue Chips: Diese Bezeichnung für erstklassige Standardaktien lässt sich aus dem Pokerspiel ableiten. Darin galten früher die Blue Chips als die wertvollsten Spielmarken. Blue Chips heißen heute mit geringen Risiken behaftete Aktien erstklassiger Unternehmen wie beispielsweise Microsoft, die einen langen Zeitraum dauerhafter Gewinn- und Dividendensteigerungen aufweisen.

Blue-Collar Workers: Gemäß der Terminologie des amerikanischen Soziologen C. Wright Mills heißen Fabrikarbeiter oder Handwerker „Arbeitnehmer mit blauem Kragen“. Durch ihre Kleidung wird ihre soziale Funktion gegenüber den Büroangestellten oder auch den Führungskräften (siehe White-Collar Workers) abgegrenzt.

Blue List: Ein in den USA herausgegebenes Verzeichnis aller von den Wertpapierhändlern angebotenen öffentlichen Anleihen der US-Bundesstaaten und Kommunen.

Blue Sky Laws: In den USA erlassene Gesetze, die Anleger vor Betrug beim Wertpapierhandel schützen sollen. Investoren werden so davor bewahrt, dass ihnen von Finanzakrobaten das sprichwörtliche Blaue vom Himmel (Blue Sky) verkauft wird.

Blue Sky Securities: Wertpapiere oder Aktien, die wertlos sind und auch in Zukunft geringe Chancen haben, an Wert zu gewinnen.

Board of Directors and Executive Board: Das Board of Directors ist ein Gremium, das am ehesten mit dem deutschen Aufsichtsrat vergleichbar ist. Das Executive Board ähnelt in seiner Funktion dem deutschen Vorstand. Im Gegensatz zum deutschen Aufsichtsrat überwacht das Board of Directors nicht nur den Vorstand, sondern es gibt auch die Grundlinien der Unternehmenspolitik vor. Hierzu greift das Board of Directors aber nicht in die alltägliche Unternehmensführung ein. Wie auch der deutsche Aufsichtsrat werden die Mitglieder des Board of Directors bei der Jahreshauptversammlung von den Aktionären gewählt. Die Vorstände, also die Mitglieder des Executive Board, wiederum werden von den Mitgliedern des Board of Directors bestimmt. Eine strikte Trennung zwischen Aufsichtsrat und Vorstand wie in Deutschland kennt das angloamerikanische Aktienrecht nämlich nicht.

Board of Governors: Einerseits das Kontrollgermium einer US-Börse, dem die Überwachung der Wertpapiergeschäfte an dem betreffenden Kapitalmarkt obliegt. Andererseits wird so auch das oberste Gremium der amerikanischen Bundesbank, der FED, genannt.

Bobo: Ein neusprachlicher Begriff, der sich vom französischen Wort „Bourgeousie" für die gehobene Bürgerschicht ableitet. Der Bobo ist ein vermögender Nichtstuer aus der gehobenen Mittelklasse, der sich seinen exquisiten Lebensstil durch Spekulationen an der Börse finanziert.

Bonanza: Der Begriff stammt aus der amerikanischen Goldgräberzeit. So nannte man ein Terrain, auf dem echte Goldklumpen (Nuggets) gefunden wurden, eine Bonanza. Im übertragenen Sinn heute Unternehmen, die aufgrund hoher Dividendenzahlungen oder wegen des großen Kursanstiegs ihrer Aktien als Goldgrube angesehen werden.

Bond: Eine Anleihe oder festverzinsliche Wertpapiere mit einer Laufzeit von wenigen Jahren oder auch von Jahrzehnten, die unter staatlicher Aufsicht von Bund, Ländern, Gemeinden, Städten, Banken oder Großunternehmen ausgegeben werden und der Kapitalbeschaffung dienen. Um die erforderlichen hohen Beträge aufzubringen, wird das Darlehen in Stücke zerlegt, so dass neben Großinvestoren auch Privatanleger Bonds erwerben können.

Book Building: Ein bewährtes Verfahren zur Findung eines realistischen Aktienkurses vor dem Börsengang. Dazu wird der Emissionspreis, zu dem die neue Aktie gezeichnet werden kann, in einem stufenförmigen Prozess ermittelt, der ähnlich wie eine Versteigerung abläuft. Geleitet wird dieses Vorgehen von der für den Börsengang federführenden Bank, der Konsortialbank.

Boom: Aufschwung, Hochkonjunktur, Hausse. Zeitraum, in dem die Börsenkurse üblicherweise steigen und die Wirtschaft blüht.

Boomtown: Bezeichnung für Städte, die durch die Ansiedlung zahlreicher neuer Firmen und den Zuzug von Arbeitskräften rasch einen außerordentlichen Wirtschaftsaufschwung erleben. Ein gutes Beispiel dafür sind die Metropolen Indiens und Chinas.

Boot: Im Börsenjargon als Anreiz zugeteilte Stammaktien, sowohl für Fach- und Führungskräfte eines Unternehmens (zum Zwecke der Leistungssteigerung), als auch für Ankerinvestoren, die für ihre Risikobereitschaft in stürmischen Zeiten entlohnt werden sollen.

Bootlegging: Bezeichnete den während der Prohibitionszeit in den USA gängigen Alkoholschmuggel. Nach der Ära der Prohibition erfuhr der Ausdruck im angloamerikanischen Sprachraum eine Bedeutungserweiterung, und er wird im Englischen nun allgemein für Schmuggel und Schwarzarbeit verwendet. Wirtschaftsspionage und die Ausnutzung der Forschungs- und Entwicklungsarbeit anderer Unternehmen werden mittlerweile ebenfalls als Bootlegging bezeichnet.

Bootstrap Transaction → Leveraged Buyout

Boston Consulting Group (BCG): Gilt als eine der angesehensten Unternehmensberatungsgesellschaften der Welt. Sie wurde im Jahr 1963 von Bruce Henderson in Boston gegründet und hat ihre Stärken vor allem auf dem Feld der Strategieberatung.

Bottom down: Eine Form des Optionsscheins, bei dem ein bestimmter Grenzwert nicht überschritten werden darf. In den Optionsscheinbedingungen dieses Finanzprodukts ist festgelegt, dass eine bestimmte Obergrenze einer Bezugsgröße während der gesamten Laufzeit nicht überschritten werden darf, sonst entfällt die vereinbarte Rückzahlung.

Bottoming out: Ein Wertpapier, dessen Wert so stark gefallen ist, dass nun mit einem Kursanstieg dieses Wertpapiers zu rechnen ist.

Brady Bonds: Anleihen, die aufgelegt wurden für die Umschuldung der schwer einzubringenden Staatsschulden von Entwicklungs- oder Schwellenländern. Dafür wurden diese Staatsschulden mit einem Abschlag in langlaufende Anleihen umgewandelt, wobei die Brady Bonds gleichsam als Bonbon eine hohe Effektivverzinsung aufweisen. Da sich das Instrument der Brady Bonds zur Bewältigung der Schuldenkrise Lateinamerikas bewährt hat, wurde von Finanzexperten eine europäische Variante als Heilmittel für die Griechenland-Krise empfohlen.

Brain Drain: Die Abwanderung von fachlich oder akademisch hochqualifiziertem Personal. Der Grund für Brain Drain kann sein, dass hochqualifizierte Fachkräfte aufgrund einer schlechten Arbeitsmarktsituation keine adäquate Beschäftigung mehr in einem Land finden. Der Brain Drain kann auch die Folge religiöser oder politischer Verfolgung in einem Lande sein.

Brand: Marke, Markenname. Die Wurzel des Wortes Brand liegt in der Welt der Vieh- und Pferdezucht der Siedlerzeit, als die Tiere mit einem Brandzeichen versehen wurden, um sie einwandfrei einem bestimmten Eigentümer und Züchter zuordnen zu können. Mittlerweile steht Brand für die Marke oder den Markennamen großer Unternehmen.

Breakup Fee: Strafgebühr, Strafzahlung. Bei Übernahmen oder Fusionen ist es im angloamerikanischen Raum üblich, eine Strafzahlung für den Fall zu vereinbaren, dass der Verkäufer von seinem Vorhaben zurücktritt. Die Strafgebühr liegt üblicherweise bei 1-3 % des geschätzten Verkaufswertes des Unternehmens, das veräußert werden soll. Zweck der Strafgebühr ist es, den potenziellen Erwerber oder Fusionspartner zu entschädigen.

Breakup Value: Der Auflösungswert eines Unternehmens. Wird ein Unternehmen zerschlagen oder aufgeteilt, ergibt sich der Marktwert aus der Summe der einzelnen Unternehmensteile, wenn diese selbstständig wirtschaftlich tätig sein können. Ein potenziell hoher Breakup Value kann einem Unternehmen zum Verhängnis werden. Viele feindliche Übernahmen (Raids) haben und hatten ihre Wurzel darin, dass Übernahmegeier sich größeren Profit von der Veräußerung der einzelnen Unternehmsteile als vom Verkauf der Firma als Ganzes versprachen.

Bretton Woods: Ort in Nordamerika, in dem vom 01. bis 22. 07. 1944 eine Geld- und Wirtschaftskonferenz abgehalten wurde, um finanzielle Übereinkünfte für die Nachkriegszeit zu bereden. Dort wurden internationale Vereinbarungen getroffen, die die Gründung der Weltbank, des Internationalen Währungsfonds und eines Systems nahezu fester Wechselkurse zur Folge hatten. Das System der festen Wechselkurse zerbrach erst Anfang der 1970er Jahre.

BRIC: Das Akronym steht für Brasilien, Russland, Indien und China. Diese Staaten gelten aufgrund ihres Reichtums an Rohstoffen und ihren Möglichkeiten als Volkswirtschaften mit großem Potenzial. Das Akronym ist die Erfindung von Jim O'Neill, der gegenwärtig ein führender Investmentbanker bei Goldman Sachs ist.

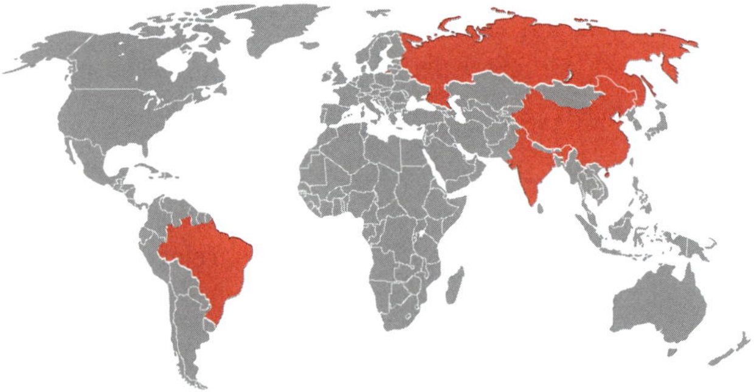

Karte der BRIC-Staaten (rot)

Brick and Mortar Companies: Synonym für die Old Economy oder die traditionelle Industrie, in der Firmen noch über eigene Gebäude, Produktionsanlagen und eine größere Zahl von Mitarbeitern verfügten.

Bridge Financing: Brücken-, Zwischen- oder Überleitungsfinanzierung. Das Werkzeug einer Brückenfinanzierung wird von Aktiengesellschaften aus Gründen der Bilanzkosmetik vor Börsengängen benötigt, auch wird es als Zwischenfinanzierung eingesetzt, bis eine langfristige Finanzierung gesichert ist. Brückenfinanzierungen werden üblicherweise von institutionellen Investoren wie Investmentfonds, Kapitalanlagegesellschaften, Pensionsfonds, Versicherungen und Banken angeboten.

Brinkmanship: Politische Haltung, die sich durch hohe Risikofreude bei außenpolitischen Aktionen und Konferenzen mit fremden Staaten auszeichnet. Zuweilen auch als „Vabanque-Haltung" bezeichnet.

Broker: Wertpapiermakler in den USA, die im Gegensatz zum Dealer Wertpapiere nie auf eigene, sondern stets auf fremde Rechnung kaufen und verkaufen. Broker müssen in den USA eine Börsenmitgliedschaft vorweisen können.

Brown Chip Borrower: Kreditnehmer mit zweitklassiger Bonität. Der Begriff Brown Chip rührt ebenso wie der Begriff Blue Chip vom amerikanischen Poker her. In diesem haben die braunen Jetons (brown chips) einen geringeren Wert als die blauen (blue chips). Gegenteil: Blue Chip Borrower.

Bubble Act: Ein 1720 vom britischen Parlament beschlossenes Gesetz, das Aktiengesellschaften den Geschäftsbetrieb untersagte, die keine königliche Anerkennung vorweisen konnten. Mit diesem Gesetz erhoffte man sich den Auswüchsen zu begegnen, die durch Finanzakrobaten hervorgerufen worden waren.

Bubble Company: Unternehmen, dessen Wert allein durch überzogene Hoffnungen nach oben getrieben wird. Sobald diese Hoffnungen sich verflüchtigen, besteht die Gefahr, dass der Wert des Unternehmens oder sogar die ganze Firma in sich zusammenbricht.

Bubble Economy: Eine durch übertriebenen Zufluss von Liquidität oder auch eine von Euphorie aufgeblähte Wirtschaft, deren Scheitern abzusehen ist.

Build America Bonds: Steuerpflichtige Anleihen, deren Verzinsung zu 35 % durch eine Hilfe der amerikanischen Bundesregierung gefördert wird. Da diese finanzielle Stützung mit Beginn des Jahres 2011 auslief, befürchten einige Finanz-fachleute, dass durch die Insolvenz einiger hoch verschuldeter Kommunen und Städte in den USA eine neue Finanzkrise entfacht werden könnte. Allerdings geben andere Experten Entwarnung, da sie mit einem entschlossenen Gegensteuern der amerikanischen Zentralbank FED rechnen, wenn es zu Verwerfungen kommen sollte, die auf die Kreditwirtschaft überzuspringen drohen.

Bull: Börsenjargon für beständig steigende Kurse, auch Bullenmarkt oder französisch Hausse genannt. Der Bulle gilt an der Börse als jenes Tier, das die Kurse auf seine Hörner nimmt und in die Luft wirbelt. Als Bullen werden auch Marktteilnehmer genannt, die an steigende Kurse glauben. Aus diesem Grund findet man vor den großen Börsengebäuden der Welt immer die Statue eines Bullen und eines Bären. Gegensatz: Bears/Bären.

Bull Trap: Fehlentscheidung eines auf steigende Aktienkurse hoffenden Anlegers, der seine Überzeugungen einseitig aus den Erkenntnissen der technischen Aktienanalyse gewonnen hat. Gegenstück: Bear Trap.

Bunny Bonds: Anleihen, bei welchen dem Inhaber die Wahlmöglichkeit eingeräumt wird, fällige Zinsen entweder ausgezahlt zu bekommen oder in Gestalt weiterer Anleihestücke der gleichen Anleihe zu erhalten. Bunny Bonds lassen sich also in ihrer Tendenz zur Fortpflanzung gewissermaßen mit dem Kaninchen (bunny) vergleichen.

Burnout: Klinisches Syndrom der vollständigen körperlichen und seelischen Erschöpfung von berufstätigen Fach- und Führungskräften.

Business Angel → Angel Investor

Business Devil: Das genaue Gegenteil vom Business Angel. Obgleich er dem Unternehmensgründer gerade in der Startphase mit Kapital unter die Arme greift, hat er keine guten Absichten. Stattdessen hat er nur im Sinn, an Know-how oder Geschäftsgeheimnisse des Unternehmens zu gelangen, um die Geschäftsidee der Gründer selbst wirtschaftlich umzusetzen.

Business Judgement Rules: Sanktionsbewehrte Verhaltenspflichten für US-amerikanische Vorstände, die speziell bei Übernahmen beachtet werden müssen. Die Einhaltung dieser Regeln soll das Top-Management vor potenziellen Schadensersatzansprüchen der Aktionäre schützen.

Business Model: Geschäftsmodell, Geschäftsmuster. Bestehend aus sämtlichen Charakteristika, die beschreiben, wie ein neu gegründetes oder neu zu gründendes Unternehmen funktionieren soll. Das Business Model enthält Beschreibungen der Produkte (Products), der Personen (Management) und des Geschäftsplans (Business Plan). Das Business Model ist von großer Wichtigkeit, wenn ein neues Unternehmen auf den Markt tritt oder Investoren vorgestellt wird.

Business Plan: Der Business Plan zeigt auf, wie sich die Gründer eines jungen Unternehmens die Unternehmensentwicklung in den ersten drei bis fünf Jahren vorstellen. Die Qualität eines Business Plans beweist Investoren, mit welcher Eindringlichkeit sich die Gründer über ihr Geschäftsvorhaben und ihre Marktchancen Gedanken gemacht haben.

Business-to-Administration (B2A): Geschäft mit der Verwaltung oder kommunalen wie auch anderen öffentlichen Einrichtungen.

Business-to-Business (B2B): In der Sprache des E-Commerce Geschäfte von Unternehmen zu Unternehmen, das Firmenkundengeschäft. Die Verwendung der 2 in dieser und ähnlichen Abkürzungen geht allein auf die Klanggleichheit („two" klingt wie „to") zurück.

Business-to-Consumer (B2C): Das Geschäft mit Privatkunden.

Business-to-Employee (B2E): Geschäfte, die Unternehmen mit ihren Angestellten und deren Familienangehörigen tätigen.

Business-to-Government (B2G): Geschäfte mit dem Staat oder staatlichen Einrichtungen.

Buttonwood Tree Agreement: Die Unterzeichnung dieses Abkommens fand am 17. 05. 1792 durch 24 Wertpapiermakler in New York statt. Sie wird allgemein als Fundament für den Beginn des geregelten Wertpapierhandels in New York angesehen. Denn in diesem unter einem Maulbeerbaum (buttonwood tree) unterschriebenen Vertrag sichern sich die 24 Wertpapiermakler schriftlich zu, festgelegte Gebühren für Wertpapiergeschäfte zu berechnen und sich bei Wertpapiergeschäften erst untereinander Geschäfteaufträge zu unterbreiten, bevor Aufträge an Außenstehende vergeben werden.

Buyback: Rückkauf von Wertpapieren, wenn also ein Unternehmen eigene Aktien an der Börse zurückkauft. Zweck dieser Vorgehensweise ist es, die Aktien des eigenen Unternehmens wertvoller zu machen. Einerseits wird dadurch zur Freude der Investoren Kurspflege betrieben, andererseits dient diese Maßnahme auch der Abwehr feindlicher Übernahmen. Buybacks finden vor allem dann statt, wenn Unternehmen überschüssige flüssige Mittel besitzen.

Buying Center: Eine bei Banken, Investmentfonds und sonstigen Kapitalsammelstellen häufig anzutreffende Gruppe von

Fachleuten, welche die Unternehmensleitung bei Wertpapiergeschäften und wichtigen Aktivitäten an den Kapitalmärkten berät.

Buy-Side Analysts: Analysten, die Wertpapiere unter dem Gesichtspunkt durchleuchten, inwieweit diese kaufenswert sind. Gegenstück: Sell-Side Analysts.

CAFTA (Central American Free Trade Area): Das Freihandelsgebiet Zentralamerika, gleichsam ein Pendant zum nordamerikanischen NAFTA. Seit Beitritt des karibischen Inselstaates Dominikanische Republik 2004 offiziell **DR-CAFTA** genannt.

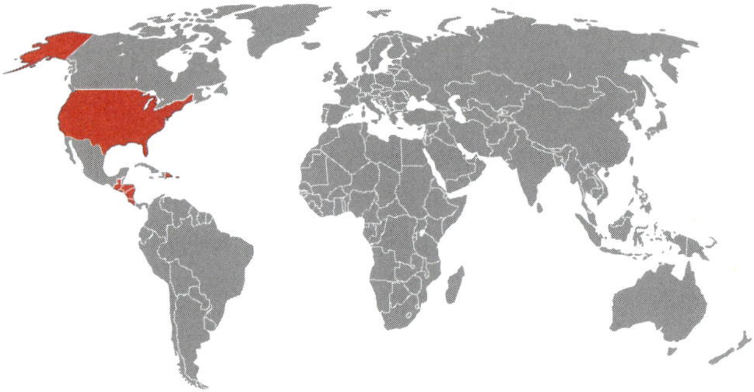

Karte der DR-CAFTA-Staaten (rot)

Calendar Spread → Horizontal Spread

Call: Fachterminus des Derivatehandels. Ein Call ist die angloamerikanische Bezeichnung einer Kaufoption.

Callable Bond: Eine Anleihe, bei der dem Emittenten ein vorzeitiges Kündigungsrecht zusteht.

Call Money: Bankeinlagen, die täglich kündbar sind.

Candlestick Chart: In der technischen Aktienanalyse ein Schaubild, bei dem der Kursverlauf eines Wertpapiers mit Hilfe von an Kerzen (candle) erinnernde Balken beschrieben wird. Diese Balken kennzeichnen Eröffnungs- und Schlusskurs einer Aktie für jeweils einen Börsentag, eventuell darüber hinausgehende Tageshöchst- und -tiefstwerte werden als Dochtlinien (stick) angezeichnet. Zur Unterscheidung gestiegener und gefallener Aktien existieren Konventionen, wie die Kerzen einzufärben sind (etwa weiß respektive schwarz).

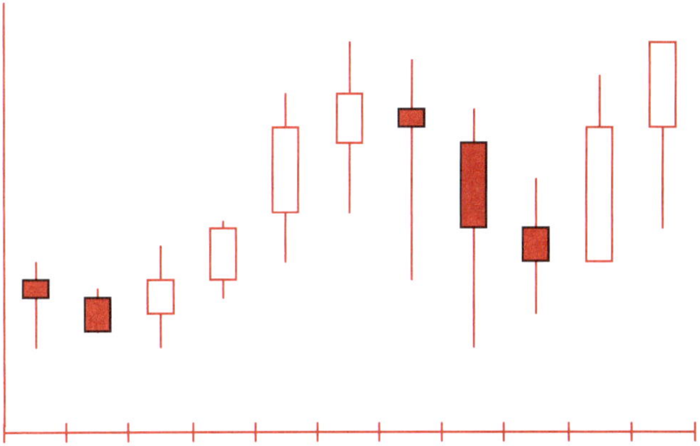

Beispiel für einen Candlestick-Chart

Cap: Allgemein als „Zinsdeckel" übersetzt. Mit einem Cap schützt sich ein Schuldner gegen den Anstieg der zu zahlenden Zinsen über eine vorher vereinbarte Zinsschranke. Das kann ein Anleiheschuldner wie ein großes Unternehmen sein, aber auch ein einfacher Hypothekenschuldner.

Capital Gain: Kurs- oder Kapitalgewinn. Angloamerikanischer Ausdruck für einen im Zuge von Börsengeschäften erzielten Kursgewinn.

Carriage and Insurance paid to (CIP): Diese Formulierung gehört zu den Incoterms, den sogenannten weltweit anerkannten Handelsklauseln. Sie bedeutet, dass der Verkäufer einer Ware den Transport und die Versicherung für eine Ware zu übernehmen hat. Der Haftungsübergang findet mit der Abgabe der Ware an einem vorher bestimmten Lieferort durch Aushändigung der Ware an den ersten Frachtführer statt. Dabei ist der Verkäufer für die Ausfuhrabfertigung zuständig, dem Käufer obliegt die Einfuhrabfertigung. Siehe auch die Übersicht auf Seite 61.

Carriage paid to (CPT): Ausdruck der Incoterms. Er bedeutet, dass der Verkäufer einer Ware für den Transport bis zu einem vorher festgelegten Lieferort zuständig ist. Der Gefahrenübergang findet mit der Aushändigung der Ware an den ersten Frachtführer statt. Allerdings sieht diese Formel keine Verpflichtung des Verkäufers zum Abschluss einer Transportversicherung vor. Der Verkäufer ist für die Ausfuhrabfertigung zuständig, dem Käufer obliegt gleichfalls die Einfuhrabfertigung. Siehe auch die Übersicht auf Seite 61.

Carried Interest: Im Jargon der Investment- und Venture-Capital-Branche die Beteiligung von Führungskräften am Gewinn eines Portfolios oder eines Fonds. Diese Erfolgsbeteiligung soll nicht zuletzt auch als Leistungsanreiz dienen.

Carry: Der Gewinn oder der Verlust, der sich beim Eingehen und Behalten einer Vermögensposition ergibt. Von einem positiven Carry spricht man, wenn die Erträge aus der gehaltenen Vermögensposition höher sind als die Kosten der Refinanzierung. Von einem negativen Carry spricht man, wenn die Erträge aus der gehaltenen Vermögensposition niedriger sind als die Kosten der Refinanzierung.

Carry Trades: Eine Strategie der Zins- und Währungsspekulation. Hierbei nimmt ein risikofreudiger Anleger einen Kredit in einer Währung mit vergleichsweise niedrigen Zinsen auf, damit er mit diesem Kapital festverzinsliche Wertpapiere mit einer höheren Verzinsung aus einem anderen Währungsraum erwerben kann. Wenn seine Erwartungen sich erfüllen, verbleibt ihm durch die Zinsdifferenz selbst nach Rückzahlung des Kredites noch ein ansehnlicher Gewinn. Wenn seine Erwartungen enttäuscht werden, kann er aufgrund von Zins- oder Wechselkursrisiken erhebliche Verluste erleiden.

Cashback: In den 90er Jahren eine Praxis vieler amerikanischer Kreditinstitute, Wohnimmobilien zu 125-150 % zu finanzierten. Dies ermöglichte den Immobilienkäufern neben dem Erwerb einer Immobilie zugleich die Finanzierung privaten Konsums. Die Kreditinstitute wiederum gewannen dankbare Kunden für weitere Geschäfte, wie etwa die Ausreichung von Kreditkarten, den Verkauf von Produkten der Altersvorsorge etc.

Cash Burn Rate (CBR): Die Geschwindigkeit des Verbrauchs der liquiden Mittel eines Unternehmens. Mit der CBR kann ermittelt werden, für wie lange das in ein Unternehmen investierte Kapital noch ausreichen wird.

Cash Cow: Der Begriff rührt von einem durch die Boston Consulting Group erstellten Schaubild, in dem die Cash Cow (eine Geld statt Milch gebende Kuh) für Unternehmen, Marken und Produkte steht, die gewinnbringend sind.

Cash Flow: Ein für die Beurteilung der Ertragskraft eines Unternehmens wichtiger Parameter. Er bezeichnet den Nettozufluss an liquiden Mitteln, den ein Unternehmen aus dem Umsatz einer definierten Abrechnungsperiode erhält.

Cash Management: Eine von Kreditinstituten für Firmen erbrachte Dienstleistung, bei welcher der Zinsertrag von Firmengeldern optimiert und die Kursänderungsrisiken bei Fremdwährungen minimiert werden sollen.

Cash Market → Spot Market

Cash or Share Certificates: Anleihen, bei denen der Emittent der Wertpapiere ein Wahlrecht für die Tilgung der Anleihe hat. So kann er die Tilgung durch Rückzahlung der Schuld in einer vorher festgelegten Währung oder durch Übergabe vorab bestimmter Wertpapiere durchführen.

Casino Finance: dt. Casino-Kapitalismus. Eine Form des Kapitalismus, deren Ziel die rasche Gewinnmaximierung ist und die keine oder nur geringe Rücksicht auf das Gemeinwohl nimmt. So werden dabei auch Finanzaktionen getätigt, deren Scheitern mit hohen Risiken für die Wirtschaft eines Landes oder die Weltwirtschaft verbunden sein können.

Cat Bonds: Eine besondere Ausprägung von hochverzinslichen Anleihen. Sie werden von großen Versicherungsgesellschaften und von Rückversicherern benutzt, um die Risiken von Naturkatastrophen oder anderen Großschäden abzudecken. Üblicherweise erhalten Anleger eine jährliche Verzinsung von 9-15 % und eine Rückzahlung des eingesetzten Kapitals nach 3 Jahren Laufzeit, wenn keine großen Schadensfälle eintreten. Solche Ereignisse waren beispielsweise der Hurricane Katrina im Jahr 2005, der Wirbelsturm Ike im Jahr 2008 und die Reaktorkatastrophe von Fukushima im Jahr 2011. Im Falle des Eintritts solcher Ereignisse können Anleger einen hohen Teil des eingesetzten Geldes oder sogar einen wirtschaftlichen Totalverlust erleiden.

CBR → Cash Burn Rate

CCO → Chief Compliance Officer

CD → Certificate of Deposit

CDB → China Development Bank

CDO → Collateralized Debt Obligation

CDS → Credit Default Swap

CEBS → Committee of European Banking Supervisors

CEO → Chief Executive Officer

Certificate of Deposit (CD): Von einer amerikanischen Bank ausgestellte Bescheinigung, welche die Anlage von Geld für einen bestimmten Zeitraum zu einem gewissen Zinssatz nachweist. Üblicherweise lautet eine solche Bescheinigung auf den Inhaber und ist uneingeschränkt übertragbar. Für diese Papiere gibt es einen Sekundärmarkt, auf dem sie gehandelt werden können.

Certified Financial Planner (CFP): Vermögens- und Finanzplaner, die sich einer zentralen Prüfung auf dem Feld der Vermögensberatung und Finanzplanung erfolgreich unterzogen haben. Meist wird für die Führung der Berufsbezeichnung auch eine bestimmte im Finanzsektor erworbene Berufserfahrung vorausgesetzt.

Certified Public Accountant (CPA): In den USA der Berufstitel für Wirtschaftsprüfer. Wer den Titel führen will, muss das CPA-Examen abgelegt haben und in einem der amerikanischen Bundesstaaten eine Berufszulassung als Wirtschaftsprüfer erlangt haben. In Deutschland gewinnt der CPA als Zusatzqualifikation für Steuerberater, vereidigte Buchprüfer und Wirtschaftsprüfer zunehmend an Bedeutung. Schließlich können Steuerberater und Wirtschaftsprüfer, die diese Zusatzqualifikation besitzen, im Auftrag amerikanischer Wirtschaftsprüfer die US-GAAP-Abschlüsse deutscher Unternehmen prüfen. Gegenwärtig besitzen in Deutschland zwischen 1000 und 2000 Wirtschaftsprüfer diese Zusatzqualifikation.

CFO → Chief Financial Officer

CFP → Certified Financial Planner

CFR → Cost and Freight

Chairman: Vorsitzender des Aufsichtsrates oder der Geschäftsleitung, also immer der Vorsitzende des Organs einer amerikanischen Aktiengesellschaft. So heißt beispielsweise der Vorstandsvorsitzende „Chairman of the Executive Board". Der Aufsichtsratsvorsitzende heißt übrigens allgemein nur „Chairman of the Board".

Charity Day: Praxis angloamerikanischer Banken- und Wertpapierhandelshäuser, alle am 11. September eines Jahres erlangten Gewinne zu Gunsten der Opfer des Terroranschlages vom 11. September 2001 zu spenden.

Chart: Im Bereich der technischen Aktienanalyse ein Schaubild, das den Kursverlauf eines Wertpapiers in grafischer Form darstellt.

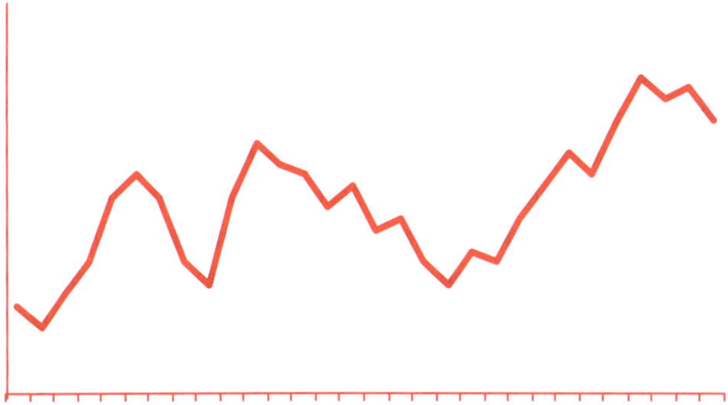

Beispiel für einen Linien-Chart

CIF → Cost, Insurance and Freight

CIP → Carriage and Insurance paid to

Circuit Breaker: Ein Verfahren, das angewendet werden soll, wenn der Dow Jones Industrial Index an der NYSE während einer Sitzung um mehr als 250 Punkte einbricht. Hierzu wird der Handel für 30 Minuten unterbrochen in der Hoffnung, dass sich dadurch der Markt wieder fängt.

CISG (Convention on the International Sale of Goods); Vereinbarung bezüglich des weltweiten Verkaufs von Waren. Dieser Begriff fußt auf einem von den Vereinten Nationen verfassten Regelwerk bezüglich des weltweiten Handels und Verkaufs von Gütern. Man kann dieses Übereinkommen auch als UN-Kaufrecht bezeichnen.

Citigroup: Amerikanisches Finanzdienstleistungsunternehmen mit Hauptsitz in New York. Es entstand im Jahre 1998 durch die Verschmelzung der Citicorp mit der Travelers Group. Im Jahre 2010 zählte das Institut ca 270.000 Mitarbeiter und erzielte einen Jahresumsatz von ca. 61 Milliarden USD. Während der großen Finanzkrise musste die Citigroup mit 45 Milliarden USD von der amerikanischen Regierung vor dem Zusammenbruch gerettet werden.

Clearing: Die Aufrechnung von Forderungen zwischen zwei oder mehreren Wirtschaftseinheiten, etwa Banken oder auch Staaten. Allerdings werden hierzu nur die von den jeweiligen Institutionen festgelegten Spitzenbeträge durch Überweisungen oder Übertragung ausgeglichen.

Closed-End Funds: Geschlossene Investmentfonds, d. h., die Zahl der auszugebenden Anteilsscheine eines solchen Fonds ist von vornherein begrenzt.

Club Deals: Der Zusammenschluss von Banken, Private-Equity-Fonds oder anderer institutioneller Investoren zum Zwecke der Risikostreuung und der Reduktion von Verwaltungskosten bei risikobehafteten Geschäften. Oft liegt der Grund für die Entstehung von Club Deals auch darin, dass einzelne institutionelle Investoren nicht die finanzielle Potenz haben, um große Geschäfte aus eigener Kraft zu stemmen. Daher benötigen sie Verbündete mit entsprechender Finanzkraft. In der Venture-Capital-Industrie war für dieses Vorgehen einst der Begriff des Co-Investments üblich.

Club of London: Eine gemeinnützige Organisation, der ungefähr 1000 Banken angehören. Sie befasst sich mit der Problematik überschuldeter Staaten, insbesondere mit den Schwierigkeiten überschuldeter Entwicklungsländer. Im Rahmen seiner Tätigkeit entwirft der Club of London Vorschläge für Krediterlässe, Umschuldungen oder Kreditmoratorien, um für überschuldete Staaten einen gangbaren Weg aus ihrem Dilemma zu finden. Siehe auch die Übersicht Seite 52.

Club of Paris → New Club of Paris

Club of Rome: International angesehener und anerkannter Think Tank, der bei der Entwicklung von Modellen für eine globale Gesellschaft und eine nachhaltige Ökonomie federführend war. Gegründet 1968 in Rom auf Anregung von Aurelio Peccei, ehemaliges Mitglied der Geschäftsleitung von

Fiat und Olivetti, und Unternehmensberater Alexander King. Der Club of Rome fand 1972 mit einem Bericht über die Grenzen des Wachstums erstmals weltweite Beachtung. Zu den Leitlinien des Club of Rome zählt die kollektive Sorge und Verantwortung für die Zukunft der Menschheit. Daher setzte er sich wiederholt für die Erstellung eines globalen Marshallplanes ein. Siehe auch die die folgende Übersicht.

Bedeutende europäische Think-Tank-Clubs	
Name	Schwerpunkte
Club of Rome	Wirtschaftswachstum und Erhalt einer lebenswerten Umwelt
Club of London	Problemlösungen für überschuldete Staaten, insbesondere Entwicklungsländer
New Club of Paris	Übergang von der Industrie- zur Wissensgesellschaft

CME (Chicago Mercantile Exchange): Die Terminbörse, an der weltweit das größte Volumen an Futures und Optionen auf Waren und Rohstoffe gehandelt wird. Sie wird von der CME Group betrieben, die auch im S&P 500 aufgeführt wird. Als Chicago Butter und Egg war sie 1898 gegründet worden, wobei damals nur Kontrakte auf Eier und auf Butter an diesem Kapitalmarkt gehandelt werden durften. Später nahm das Handelsvolumen sehr stark zu, mit der Folge, dass der Kapitalmarkt 1919 in Chicago Mercantile Exchange umbenannt wurde. Diese Namensänderung trug auch dem vermehrten Handel mit Kontrakten Rechnung, die auf Rohstoffen oder landwirtschaftlichen Produkten fußten.

Co-Co Bonds → Contingent Convertible Bonds

Co-Investor: Jemand, der in seiner Anlegerstrategie einem Lead-Investor folgt. Meist überlässt er dem Lead-Investor den Aufwand für die Recherche und die Analyse seines Investitionsobjektes. Der Einstieg von Co-Investoren ist bei Großprojekten oder in der Venture-Capital-Industrie üblich, da sich durch die Verteilung des Investitionsrisikos die Gefahr des Kapitalverlustes verringern lässt und auch die Kosten für die Verwaltung des Investitionsobjektes auf mehrere Schultern verteilt werden können.

Cold Call: Die in Deutschland gemäß § 36b WpHG (Gesetz über den Wertpapierhandel) verbotene, ungebetene Geschäftsanbahnung von im Finanzgeschäft tätigen Firmen zu Privatpersonen, die nicht als Vollkaufleute gelten, mittels eines unangekündigten Telefonanrufs.

Collateralized Debt Obligation (CDO): Ein Wertpapier, das auf einer Mischung von Schuldverträgen basiert. Das können Hypotheken, Anleihen, Autoleasingverträge oder Kredite sein. Da CDOs gleichsam aus verschiedenen Scheiben mit unterschiedlichem Risiko bestehen, werden diese auch unterschiedlich verzinst. Es gilt die allgemeine Regel, dass ein höheres Risiko mit einer größeren Verzinsung einhergeht. Wenn man es wertpapierrechtlich betrachtet, hat der Eigentümer eines CDO verbriefte Ansprüche gegen ein Konstrukt weiterer Ansprüche, an deren Ende besagte Hypothekendarlehen, Anleihen, Autoleasingverträge oder Kredite stehen.

Commercial Paper: Kurzfristiges Geldmarktpapier von Finanzgesellschaften, Industrie- und Handelsfirmen, die über eine erstklassige Bonität verfügen. Das Commercial Paper ist mit dem Certificate of Deposit verwandt, im Gegensatz zu diesem weist er allerdings keine standardisierte Laufzeit auf.

Committee of European Banking Supervisors (CEBS): Das CEBS mit Sitz in London wurde im Mai 2003 von der Europäischen Kommission als unabhängiges Gremium zur Beobachtung und Überwachung des Bankgewerbes in der EU eingesetzt. Dieses Gremium ist mittlerweile in der europäischen Aufsichtsbehörde für das Kreditwesen EBA aufgegangen. → European Banking Authority (EBA).

Competitive Devaluation: Abwertung einer Währung zum Zwecke der Herstellung oder Wiederherstellung der Wettbewerbsfähigkeit. Zum Beispiel konnten Griechenland und Italien vor der Einführung des Euros durch Abwertung ihrer Währung ihre Exportindustrie stärken und den Tourismus ankurbeln.

Compliance System: Gesamtheit aller Maßnahmen, die Unternehmen ergreifen, um Korruption und Vorteilsnahme im eigenen Unternehmen oder im Geschäftsleben zu unterbinden und aufzudecken.

Comstock Lode: Eine bedeutende Lagerstätte von Gold- und Silbererzen, die 1860 unweit von Virginia City im amerikanischen Bundesstaat Nevada entdeckt wurde. In den Jahren von 1860-1880 wurden in Comstock Lode mehrere Millionen Tonnen Gold- und Silbererz abgebaut. Mit dem Silberabbau in Comstock Lode veränderte sich die Parität von Silber zu Gold in den USA grundlegend. Während vor der Erschließung von Comstock Lode nach der Regel von Sir Isaac Newton zwischen 15 bis 20 Unzen Silber für den Kauf einer Unze Gold aufgewendet werden mussten, waren nach der Ausbeutung von Comstock Lode ungefähr 40 Unzen Silber erforderlich, um eine Unze Gold zu erwerben. Dieses Umtauschverhältnis verbesserte sich erst wieder, als die industrielle Nachfrage nach Silber aufgrund der Verwendung in der Medizin und der Photographie spürbar zunahm.

Conduits: Im Finanzwesen Zweckgesellschaften, die für ein ganz bestimmtes Vorhaben gegründet werden. Beispielsweise waren für die Konstruktion der Asset Backed Securities solche Conduits als Zweckgesellschaften erforderlich, auf die man das volle Risiko abwälzen konnte.

Conference Call: Konferenzschaltung über Telefon. Wenn ein börsennotiertes Unternehmen Analysten oder Wirtschaftsjournalisten mit wichtigen Neuigkeiten versorgt, sollen alle die Auskünfte gleichzeitig erhalten. Dies dient dem Zweck, dass niemand bevorzugt wird und wesentliche Informationen nicht nur von einer privilegierten Gruppe genutzt werden können. Aus diesem Grunde werden die Analysten und Wirtschaftsjournalisten via Telefonkonferenz simultan unterrichtet.

Contango: In der Welt der Derivate spricht man von einem Contango, wenn die Situation auftritt, dass lang laufende

Terminkontrakte für einen bestimmten Rohstoff oder einen anderen Wert einen höheren Marktwert annehmen als Terminkontrakte mit anstehender Fälligkeit. Ein Grund dafür können zunehmende Kosten für Versicherung und Lagerung sein. Bei Commodity-Indizes (Rohstoff-Indizes) tritt infolge des Contangos ein Rollverlust auf, da diese Indizes auf eine Auswechslung der Futures angewiesen sind. Schließlich genügt der Erlös aus der Veräußerung der ablaufenden Terminkontrakte nicht mehr, um eine gleiche Anzahl lang laufender Terminkontrakte abzuschließen.

Continental: Eine ehemalige Papierwährung, die der Kongress der in Nordamerika gelegenen ehemaligen britischen Kolonien auf seinen Namen herausgegeben hatte, um seinen Krieg für die Unabhängigkeit gegen England führen zu können. Die Continentals können daher durchaus mit den Assignaten in den französischen Revolutionsjahren verglichen werden. Am Ende des Unabhängigkeitskrieges war der Continental allerdings auf ein Minimum seines ursprünglichen Wertes gesunken. Aus diesem Grunde gibt es in den USA auch das geflügelte Wort: „It´s not worth a Continental." – „Es ist keinen Pfifferling wert."

Contingent Convertible Bonds (Co-Co Bonds): Eine besondere Gattung von Wandelanleihen. Sie werden zu Aktien, sobald die Eigenkapitalquote des Unternehmens einen bestimmten Wert unterschreitet. Die Gattung der Co-Co Bonds hat sich in den USA während der Finanzkrise bei Banken hervorragend bewährt. Daher fordern auch in Deutschland

Finanzexperten deren Zulassung für die deutsche Kreditwirtschaft.

Contracts for Difference: Eine spezielle Gattung von Terminkontrakten, die sich nicht auf den vollständigen Preis des Basiswerts beziehen, sondern lediglich auf die Veränderung des Preises. Im Gegensatz zu herkömmlichen Terminkontrakten besteht bei diesen Differenzkontrakten keine Verpflichtung zur Lieferung.

Controlling: Ein umfassendes Handwerkszeug der Steuerung mit der Aufgabe der Unterstützung der leitenden Führungskräfte. Dem Controlling obliegt es, ihm Auftrage der Geschäftsleitung auf die Verhältnismäßigkeit des unternehmerischen Handelns zu achten und sinnvolle Einsparpotenziale aufzudecken, die zu verantwortbaren Kosten erschlossen werden können.

Convenants: Im angloamerikanischen Rechtsbereich wichtige Bestandteile von Kreditverträgen. Sie schreiben einem Kreditnehmer vor, welches Handeln er zu vermeiden oder zu verhindern hat. Der Zweck der Convenants liegt darin, die Rechtsstellung des Kreditgebers zusätzlich zu den überlassenen Sicherheiten weiter zu stärken.

Convertible Bond: Wandelanleihe. Darunter versteht man ein festverzinsliches Wertpapier, das dem Inhaber die Möglichkeit einräumt, es in einem vorher definierten Verhältnis in Aktien einzutauschen. Üblicherweise liegt aus diesem Grund die Verzinsung von Wandelanleihen niedriger als der Zins vergleichbarer Anleihen. Beispielsweise könnte die Verzinsung der Wandelanleihe W des Unternehmens U mir 3 % niedriger liegen als die übrigen Anleihen von U, die mit 5 % verzinst werden. Im Gegenzug würden dann z. B. drei W zum Tausch in eine Aktie von U berechtigen.

Corner: Der zielgerichtete Aufkauf einer möglichst großen Zahl eines bestimmten Wertpapiers. Damit soll der Kurs des Wertpapiers nach oben getrieben werden, da man sich davon einen bestimmten Vorteil erhofft. Wer dann nämlich dieses Wertpapier erwerben möchte oder erwerben muss, wird durch den erhöhten Preis gleichsam um die Ecke (corner) geführt.

Cornerstone Investor: Ein renommierter Anleger, der neben Kapital ein umfassendes Netzwerk und einen vorzüglichen Namen in ein Unternehmen einbringt. Im Idealfall ist ein Business Angel ein Cornerstone Investor. Im Deutschen benutzt man gelegentlich auch das Wort Anker-Investor.

Corporate Bond: Eine von einer Firma ausgegebene Anleihe, im Deutschen auch als Unternehmensanleihe bezeichnet. Aufgrund der anhaltenden hohen Staatsverschuldung der USA, Großbritannien, Japan und mehreren EU-Staaten gewinnen Unternehmensanleihen weltweit tätiger Konzerne mit hoher Bonität zunehmend an Reiz.

Corporate Citizen: Das Unternehmen als Bürger oder als Einheit, die aufgrund ihrer wirtschaftlichen Potenz Verantwortung für die Gesellschaft und die Bürgerrechte trägt.

Corporate Finance: Die Gesamtheit aller von Banken, Wertpapierhändlern oder Unternehmensberatungsgesellschaften angebotenen Finanzdienstleistungen, die auf die Zufuhr von Kapital in Firmen angelegt sind. Dazu gehören Mergers & Acquisitions, Private Equity, Projektfinanzierungen, Sanierungsfinanzierungen, Subventions- oder Fördermittelfinanzierungen sowie IPOs/Börsengänge.

Corporate Governance: Ein Verhaltenskodex, der Richtlinien für die überprüfbare und nachvollziehbare Führung und Kontrolle eines Unternehmens vorgibt. Corporate Governance dient dem Schutz der Aktionäre und anderen Eigentümer, dem der Beschäftigten und letztendlich dem gesamten Kapitalmarkt.

Corporate Social Responsibilty: Im Jargon der Corporate Governance die gesellschaftliche Verantwortung oder das soziale Engagement einer Firma.

Corporate Suicide: Jargon aus dem Bereich der Mergers and Akquisitions für eine der Strategien zur Abwehr feindlicher Übernahmen. So kann einem angreifenden Unternehmen die Freude an der feindlichen Übernahme genommen werden, indem beispielsweise wichtige Patente und wichtiges Know-how veräußert werden oder hochqualifizierte Fachkräfte gekündigt werden. Allerdings ist eine solche Abwehrmaßnahme als zweischneidiges Schwert anzusehen, wenn die Abwehr feindlicher Übernahmen nur um den Preis der Selbstzerstörung (suicide) erreicht werden kann. Eine Übersicht mit weiteren Abwehrstrategien finden Sie auf Seite 112.

Corporate Venture Capital: Risikokapital, das von einer Kapitalgesellschaft oder der einer Firma zuzuordnenden Beteiligungsgesellschaft zur Verfügung gestellt wird. Firmen, die als Risikokapitalgeber fungieren, sind meist nicht nur an Rendite interessiert, sondern vielmehr am Zugewinn von Know-how oder neuen Technologien.

Corporate Venturing: Die von Großunternehmen durchgeführte Wagniskapitalfinanzierung. Das etablierte Unternehmen tritt hier als Risikokapitalgeber gegenüber Unternehmensgründern oder jungen wachstumsfreudigen Gesellschaften auf.

Corporation: Aktiengesellschaft im angloamerikanischen Raum.

Cost and Freight (CFR): Diese Handelsklausel, die zu den Incoterms gerechnet wird, schreibt vor, dass eine Ware an Bord zu liefern ist und der Verkäufer die Kosten des Haupttransportes trägt. Wie bei den übrigen Handelsklauseln hat der Verkäufer für die Ausfuhrabfertigung zu sorgen, der Käufer für die Einfuhrabfertigung. Der Verkäufer ist dabei nicht gehalten, eine Transportversicherung abzuschließen. Siehe auch → Cost, Insurance and Freight (CIF).

Wichtige Handelsklauseln der Incoterms		
Kürzel	**Langbezeichnung**	**Bedeutung**
CFR	Cost and Freight	Kosten und Fracht
CIF	Cost, Insurance and Freight	Kosten, Versicherung und Fracht bis zum Bestimmungshafen
CIP	Carriage and Insurance paid to	Fracht und Versicherung bezahlt
CPT	Carriage paid to	Fracht bezahlt bis
FAS	Free alongside Ship	frei längsseits Schiff

Cost Average: Ein Verfahren, das grundsätzlich beim Kauf von Investmentfonds oder sonstigen Ratenkäufen von Wertpapieren genutzt wird. Grundgedanke der Methode ist, dass man beim Kauf von Wertpapieren oder Investmentfonds durch Zahlung eines monatlichen Festbetrags bei niedrigeren Kursen automatisch mehr Anteile erwirbt als bei höheren Kursen. Andererseits gewinnen die in Zeiten niedriger Kurse erworbenen Anteile in Zeiten höherer Kurse wieder an Wert. Somit sinken die Durchschnittskosten für den Erwerb von Wertpapieren oder Investmentfonds.

Cost, Insurance and Freight (CIF): Diese zu den Incoterms zählende Handelsklausel gibt dem Verkäufer auf, seine Ware an Bord zu liefern sowie die Kosten für den Haupttransport und die Versicherung zu tragen. Auch bei dieser Handelsklausel (vergleiche Cost and Freight / CFR) muss der Verkäufer für die Ausfuhrabfertigung sorgen, der Käufer für die Einfuhrabfertigung. Zusätzlich fordert diese Handelsklausel vom Verkäufer den Abschluss einer Transportversicherung. Siehe auch die Übersicht auf Seite 61.

Counter Currency: Beim Devisenhandel die gegenübergestellte Währung. Im Beispiel EUR/GBP ist das GBP die Counter Currency. Sie gibt an, wieviele Einheiten von ihr erforderlich sind, um eine Einheit der ersten Währung, die Base Currency genannt wird, zu erwerben.

Country Rating: Die Bewertung der Bonität von Ländern im Rahmen des internationalen Ratings.

CPA → Certified Public Accountant

CPT → Carriage paid to

Credit Crunch: Dieser Ausdruck charakterisiert die erdrückende Einengung (crunch) des Angebots an Krediten bei einem Konjunkturabschwung. In der deutschen Sprache wird neuerdings für diese Lage das Wort „Kreditklemme" benutzt.

Credit Default Swap (CDS): Ein Finanzderivat für den Handel mit Ausfallrisiken, ursprünglich erdacht zur Absicherung von Kreditausfallrisiken. Da aber im Gegensatz zu einer echten Kreditausfallversicherung der Käufer kein versicherbares Interesse vorweisen muss, wurden sie oft für Spekulationen missbraucht. Man kann die CDS darum auch als eine Art unechte Kreditausfallversicherung bezeichnen.

Credit Shark: Kredithai, Wucherer. Synonyme sind Loan Shark, Gombeen Man sowie Shylock. Als Credit Shark werden

Personen oder Unternehmen bezeichnet, die Kreditnehmern mit geringer Bonität Darlehen zu hohen (manchmal sogar sittenwidrig hohen) Zinsen gewähren. Der Begriff stellt eine Weiterentwicklung des Ausdrucks Card Shark dar, der in der Zeit des Wilden Westens Personen bezeichnete, die Spieler beim Kartenspiel ausnahmen.

Credit Spreads: Zuschläge auf Kreditzinsen. Genauer Zinszuschläge, die Staaten mit problematischer Staatsverschuldung zahlen müssen, um bei der Ausgabe das mit diesen Titeln verbundene Risiko auszugleichen. Beispielsweise muss der griechische Staat aufgrund seiner hohen Verschuldung höhere Zinsen für seine Staatsanleihen aufbieten als die Niederlande. Der EU-Rettungsschirm begrenzt diese Zinsen, sie wären ohne ihn um einiges höher.

Creeping-in Clause: Rechtsvorschriften, die gegen eine schleichende Übernahme von Unternehmen gerichtet sind. Eine Übersicht mit weiteren Abwehrstrategien finden Sie auf Seite 112.

Cross Rate: Im Devisenhandel das Verhältnis zweier Fremdwährungen. Für einen Anleger aus dem amerikanischen Raum würde etwa das Währungspaar EUR/GBP eine Cross Rate darstellen.

Cross-Selling: Begriff im Vertrieb von Bank- oder auch Versicherungsprodukten. Damit ist gemeint, dass einem Kunden, der gewöhnlich nur bestimmte Finanzprodukte konsumiert, auch andere Produkte verkauft werden sollen.

festgelegten Zielspannen bewegt hat, eine feste Prämie oder Auszahlung.

Dawn Raid → Morning Dawn

Day Trading: Eine hochspekulative Form des Kapitaleinsatzes. Versucht wird dabei, an den sich innerhalb eines Handelstages ergebenden Kursschwankungen von Wertpapieren Geld zu verdienen.

D+D+D (Debt, Deflation and Demography): Die sogenannten drei Ds gelten als Charakteristika der „japanischen Krankheit": Verschuldung, Deflation und Demografie; denn Japans Volkswirtschaft leidet sehr unter der hohen Staatsverschuldung, der aus der Wirtschaftskrise Ende der 80er Jahre resultierenden Deflation und einer Überalterung der Gesellschaft.

Dead Cat Bounce: Im Jargon der Bank- und Börsensprache der starke Wiederanstieg des Kurses eines Wertpapiers oder eines Index nach einem länger anhaltenden Abstieg desselben. Der Begriff geht auf eine britische Redewendung zurück, die besagt, dass sogar eine tote Katze vom Boden hochpralle, wenn man sie nur von ausreichend weit oben fallen ließe.

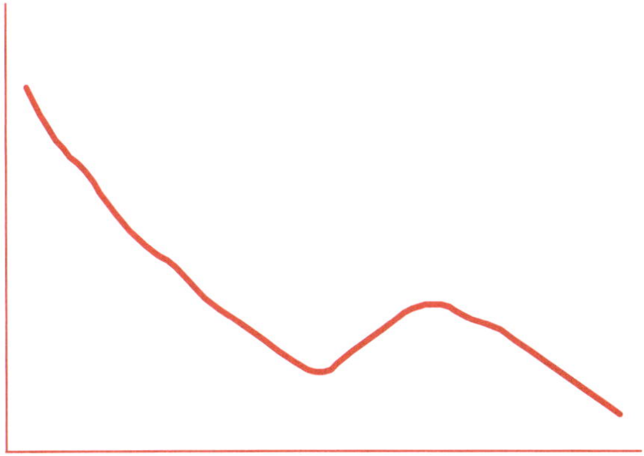

Schematischer Kursverlauf für Dead Cat Bounce

Deadlock: Bezeichnet einen toten Punkt in einem Gespräch oder einer Konferenz, wenn die beteiligten Parteien ohne fremde Hilfe nicht mehr weiterkommen. Zu solch einem toten Punkt gelangen oft die Verhandlungen zwischen großen Parteien, wenn bestimmte Gesetzesvorhaben zustimmungsbedürftig sind. Dann ist der einzige Ausweg aus der verfahrenen Situation oft die Einsetzung eines Schlichters.

Dealer: Eine natürliche oder juristische Person, die mit Wertpapieren handelt oder eine juristische Person (oftmals eine Bank), die im Rahmen einer Kreditlinie zur Absicherung Anteilsscheine auf den Wertpapiermarkt bringt.

Debt Equity Swap (DES): Der Tausch von Schulden gegen Beteiligung. Mit einer DES-Vereinbarung können Kapitalgeber bei Kreditnehmern schlechter Bonität oder bei Kreditnehmern, die sich in Zahlungsschwierigkeiten befinden, die Kreditforderung in Eigenkapital tauschen. Durch solch eine Maßnahme kann oft eine Insolvenz verhindert und die Einflussnahme auf das betreffende Unternehmen deutlich verbessert werden. Denn an die Stelle der Rechte des Gläubigers treten die umfassenderen Rechte des Eigentümers.

Debt Management: Die Ausgestaltung der Kreditaufnahme durch öffentliche Institutionen. Durch das Debt Management werden Form, Fristigkeit und die Auswahl der Gläubiger für Schulden der öffentlichen Hand festgelegt. Ziel des Debt Management ist es, die Zinsbelastung für die öffentliche Hand zu minimieren und die Wertpapiermärkte systematisch als Finanzierungsquelle zu nutzen.

Deep Discount Bond: Eine Anleihe, die mit einem außerordentlich hohen Kursabschlag ausgereicht wird. Der Kursabschlag ist die Differenz zwischen dem Nennwert einer Aktie und dem günstigeren Verkaufspreis.

Default (D): Die schlechteste Note, die eine Ratingagentur einem Land oder einem Unternehmen geben kann. Diese Einstufung signalisiert das Unvermögen, seinen Zahlungsverpflichtungen nachzukommen. Das so benotete Land oder Unternehmen wird damit automatisch von der Kapitalzuführ über die internationalen Geldmärkte ausgeschlossen. Eine Vorstufe davon stellt die Zensur „Selective Default" dar, die für eine zeitweilige oder begrenzte Zahlungsunfähigkeit steht. Während der Griechenland-Krise machte die EU ihren ganzen Einfluss und ihre Finanzkraft geltend, um eine Herabstufung Griechlands auf diese Bewertung zu verhindern.

Denn eine Einstufung Griechenlands mit D hätte alle Rettungsbemühungen zunichte gemacht. Für eine Übersicht zu den Rating-Noten siehe die Tabelle Seite 193.

Defense Stocks → War Babies

Defensive Stocks: Aktien, deren Kurs auch während wirtschaftlicher Krisen stabil bleibt oder sogar leicht zunimmt. Ein klassisches Beispiel für solche Wertpapiere sind die Aktien von Nahrungsmittelproduzenten, da diese Produkte immer benötigt werden. Unter Umständen nimmt in Krisenzeiten die Nachfrage nach bestimmten Nahrungsmitteln sogar zu.

Deficit Spending: Fachterminus der Keynesianischen Wirtschaftslehre. Er bezeichnet die Empfehlung, in Zeiten der wirtschaftlichen Depression bestimmte Staatsausgaben zu erhöhen, um die Nachfrage anzukurbeln. Dies wiederum soll zu mehr Beschäftigung führen. Die gestiegene Staatsverschuldung soll dann in Zeiten eines Wirtschaftsaufschwungs durch vermehrte Steuereinnahmen abgetragen werden.

Deleveraging: Das Gegenteil von Leveraging. Gemeint ist die Aufnahme von Eigenkapital mit dem Ziel, Fremdkapital abzulösen und den Verschuldungsgrad des Unternehmens zu senken.

Delisting: Rückzug eines Unternehmens vom Kapitalmarkt. Oft ist das Delisting mit dem Aufkauf aller oder fast aller an der Börse gehandelten Aktien durch den Alteigentümer oder einen neuen Kapitalanleger verbunden. Für das Delisting kann es verschiedene Gründe geben. So kann die Geschäftsleitung einer Firma den Eindruck gewonnen haben, dass die dem Unternehmen mit einer Börsennotierung entstehenden Kosten in keinem Verhältnis zu dem Nutzen stehen, die der Gesellschaft aus der Börsennotierung erwachsen. Oder die alten oder auch neuen Eigentümer haben kein Interesse mehr an den mit der Notierung am Kapitalmarkt verbundenen Publizitätspflichten.

DES → Debt Equity Swap

Developer: In der Immobilienbranche eine Bezeichnung für Unternehmen, die Bauvorhaben planen und auf eigene Kosten fertigstellen, um sie dann an einen Ankäufer zu veräußern. Der Ankäufer kann eine Stiftung, eine Privatperson, eine Vermögensverwaltung, ein industrieller oder ein institutioneller Investor sein.

Dim Sum Bonds: Anleihen, die von ausländischen Investoren in chinesischer Währung aufgelegt werden. Beispielsweise haben schon große Unternehmen wie McDonald's oder Unilever Dim Sum Bonds in Höhe von mehreren hundert Millionen Yuan ausgegeben. Auch die Weltbank hat kürzlich Dim Sum Bonds in der Größenordnung von 500 Millionen Yuan ausgereicht. Sobald die Beschränkungen bei der Konvertierung des Yuan in andere Währungen gänzlich fallen, wird China als Markt für Anleihen außerordentlich große Bedeutung erlangen. Zur Wortherkunft: Dim Sum sind in Bambuskörbchen gedämpfte Teigtäschchen der chinesischen Küche. Dim Sum heißt auf Kantonesisch so viel wie „kleine Köstlichkeiten, die das Herz erfreuen".

Discount Banking: Finanzdienstleistungsgeschäfte zu besonders günstigen Gebührensätzen. Zumeist werden diese Art von Bankdienstleistungen via Telefon oder Internet abgewickelt.

Discount Broker: Börsenmakler oder Direktbanken, die für Wertpapiergeschäfte besonders niedrige Gebühren berechnen. Wörtlich bedeutet „discount" so viel wie „Nachlass".

DJIA / DJTA / DJU → Dow Jones Index

Dogs: Im Jargon der amerikanischen Bank- und Börsenwelt gelten Dogs als Aktien mit einer hohen Dividendenrendite. Wie ein guter Hund (dog) durch lautes Bellen auf sich aufmerksam macht, so bringen sich diese Aktiengesellschaften durch hohe Dividendenzahlungen ins Rampenlicht der Ratingagenturen und Finanzanalysten. Oft picken sich große amerikanische Kapitalsammelstellen die zehn Aktien mit der größten Dividendenrendite heraus und nehmen sie in ihr Portfolio auf. Die so ausgewählten zehn Titel heißen dann „Dogs of the Index", etwa aus dem Dow Jones oder einem anderen Aktienindex.

D&O Insurance (Directors and Officers Liability Insurance): Versicherung, die Vorstände und Aufsichtsräte vor Regressforderungen schützen soll; auch als Unternehmensleiterhaftpflichtversicherung bezeichnet. Diese Versicherung gewinnt zunehmend an Bedeutung und wird von großen Aktiengesellschaften mittlerweile für ihre obersten Führungskräfte routinemäßig abgeschlossen. Die D&O-Versicherung wirkt als passive Rechtsschutzversicherung, indem sie unberechtigte

Ansprüche abwehrt und bei berechtigten Schadensersatzansprüchen, soweit sie vom Versicherungsschutz gedeckt sind, eine Regulierung mit dem oder den Geschädigten durchführt.

Dollar: Währung der Vereinigten Staaten von Nordamerika. Der vollständige Begriff lautet United States Dollar. Bislang werden über 50 % der internationalen Finanztransaktionen in Dollar abgewickelt, somit ist der Dollar die auf der Welt am häufigsten gehandelte Währung. Das Wort Dollar soll sich vom Wort Taler ableiten. Der Taler war eine europaweit anerkannte Silbermünze, deren Bezeichnung sich als Akronym des Ortsnamens seiner Prägestätte, St. Johannisthal, entwickelt hat.

Doom Loop: In der Finanzwissenschaft gebräuchlicher Ausdruck für den Teufelskreis, dass bei hochverschuldeten Staaten die erforderlichen Sparmaßnahmen die Wirtschaft einbrechen lassen und es darum umso schwerer machen, den Berg der Staatschulden abzutragen.

Dot.com: Sammelbezeichnung für all die jungen Internet- und Computer-Firmen, die während der Phase der New Economy wie Pilze aus dem Boden schossen. Der Begriff wurde teils bewundernd, teils abwertend benutzt. Denn viele IT-Firmen der New Economy erlebten einen kometenhaften Aufstieg, verglühten aber ebenso schnell, da sie nur wenig oder gar kein werthaltiges Eigentum besaßen.

Double-Dip Recession: Die Rückkehr einer schweren wirtschaftlichen Rezession nach einem kurzen Zeitraum der wirtschaftlichen Erholung.

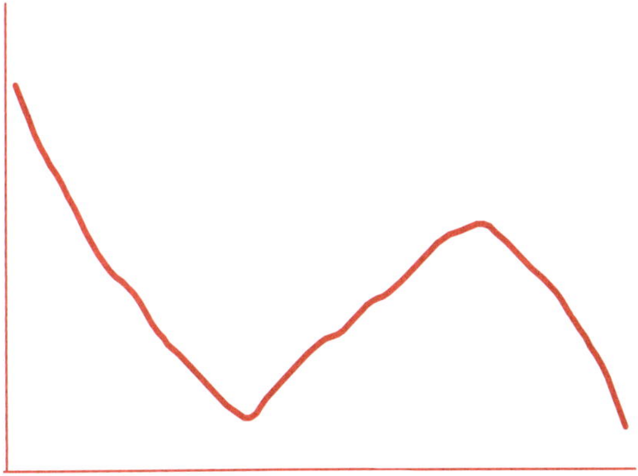

Schematischer Verlauf einer Double-Dip Recession

Dow Jones Index: Die Dow-Jones-Aktienindizes bilden eine Klasse von Aktienindizes, die die Wertpapierentwicklung an der New Yorker Börse abbilden. Der Dow Jones Industrial Average (DJIA) umfasst die 30 größten Industrieunternehmen der Vereinigten Staaten, der Dow Jones Utility Average (DJU) zählt 15 Unternehmen der Versorgungsindustrie und der Dow Jones Transportation Average (DJTA) setzt sich aus 20 Unternehmen aus der Transportbranche zusammen. Erdacht wurde der Dow Jones Index von den beiden Wirtschaftsjournalisten und Herausgebern des Wall Street Journal, Charles Dow (1851-1902) sowie Edward Jones (1856-1920). Sie schufen damit einen Wertmesser, mit dem sich die Entwicklung des amerikanischen Kapitalmarktes darstellen lässt.

Downgrading: Das Herabstufen der Bonität eines Wertpapiers; wenn zum Beispiel ein Wertpapier, das mit AAA benotet worden war, auf AA herabgesetzt wird. Siehe die Übersicht Seite 233.

Downing Street: Ein Topos für die Regierung Großbritanniens, da sich in dieser Straße der Sitz des englischen Premierministers befindet. Benannt nach dem britischen Diplomaten Sir George Downing (1624-1684).

Down Round: Im Jargon der Venture Capitalists eine Finanzierungsrunde, bei der neue Investoren für die Aktien oder sonstigen Geschäftsanteile an einem Unternehmen weniger zahlen als vorherige Investoren oder die gegenwärtigen Eigentümer. Darum wird in einer Down Round oft eine das Leben einer Firma rettende und nicht zu vermeidende Kapitalspritze gesehen.

Downsizing: Der Abbau von Arbeitsplätzen oder die Verkleinerung eines Unternehmens.

DR-CAFTA → CAFTA

Dr. Doom: Ursprünglich die Figur eines Bösewichts in Veröffentlichungen des US-amerikanischen Verlages Marvel Comics, Victor von Doom oder auch Doctor Doom (dt. Dr. Unheil). In den USA trägt der Wirtschaftsprofessor Nouriel Roubini aufgrund seiner meist pessimistischen Vorhersagen diesen Spitznamen. Als Hochschullehrer ist Nouriel Roubini, der seit 1995 an der Stern School of Business in New York unterrichtet, fest davon überzeugt, dass wir verstärkt mit weltweit vernetzten Wirtschaftsabschwüngen zu rechnen haben. Er sieht auf das weltweite Finanzsystem und den Euro noch große Schwierigkeiten zukommen. Daneben wird auch der Schweizer Investmentfonds-Manager Marc Faber als Dr. Doom bezeichnet. Marc Faber gilt derzeit als starker Verfechter einer Anlage in Gold und anderen Rohstoffen. Den großen Leitwährungen Dollar, Euro und Yen misstraut er zutiefst.

Dress Code: Kleiderordnung. Von einem Unternehmen erwartete Kleidung für berufstätige Fach- und Führungskräfte. Verstößt ein Bewerber oder ein Arbeitnehmer gegen diese Kleiderordnung, wird ihm unterstellt, dass er nicht fähig ist, sich in die Sozialstruktur des Unternehmens einzuordnen.

Drive-in Bank: Die Niederlassung einer Bank in den USA, bei der Kunden ihre Bankgeschäfte erledigen können, ohne dass sie ihr Kraftfahrzeug verlassen müssen. Diese Form der Bank ist an die Entsprechungen aus der Fastfood-Gastronomie angelehnt, bei denen Kunden vorbestellte Gerichte mit ihrem Auto an einem Ausgabeschalter abholen können, ohne zur Entgegennahme der Gerichte und zum Bezahlen den Wagen verlassen zu müssen.

Dual Listing: So bezeichnet man es, wenn Konzerne ihre Wertpapiere an zwei großen Börsen notieren lassen. Ein einprägsames Beispiel für ein Dual Listing ist der international tätige Energiekonzern Royal Dutch Shell, dessen Anteilscheine sowohl an der Börse in London als auch am Kapitalmarkt in Amsterdam kotiert werden. Beweggründe für ein Dual Listing können steuerliche Erwägungen sein oder die Erwartung einer Aufwertung des eigenen Images.

Due Diligence: Eine sorgfältige Prüfung bei Unternehmensübernahmen, Einführung von Firmen in den Kapitalmarkt oder Kapitalbeteiligungen. In der Praxis bedeutet dies, dass eine Gesellschaft und insbesondere ihre Bilanzen vor einem wichtigen Geschäftsvorfall von Wirtschaftsprüfern und Juristen auf Herz und Nieren überprüft werden, wodurch einer Schädigung von Investoren oder Kreditgebern vorgebeugt werden soll.

Dummy Company: Eine Dummy Company oder Briefkastenfirma soll meist nur den Eindruck erwecken, eine wirtschaftlich aktive Firma zu sein. Oft dient sie lediglich als Kulisse, um den oder die wahren Eigentümer zu verschleiern, oder sie dient dem Ziel der Steuerersparnis. Konzerne wie auch Finanzinvestoren setzen mitunter Dummy Companys ein, um Finanzgeschäfte zu tätigen, die nicht unmittelbar mit ihnen in Zusammenhang gebracht werden sollen. Ihre strategischen Absichten, wie etwa die Übernahme eines Unternehmens, sind dann nicht gleich für alle Marktteilnehmer ersichtlich.

Dutch Tulip Crash: Im Jahre 1637 begann der Zusammenbruch der auf eine Spekulation mit seltenen Tulpenzwiebeln beruhenden Blase in den Niederlanden. Dabei brachen die Preise für wertvolle Tulpen zunächst um ca. 40 % ein. Der Tiefpunkt wurde 1639 erreicht, als die Preise für bestimmte Tulpenzwiebeln um bis zu 97 % nachgegeben hatten. Zuvor hatte ein regelrechtes Tulpenfieber die Preise für wertvolle Tulpenzwiebeln auf bis zu 5000 niederländische Gulden hochgetrieben, was damals dem Jahresgehalt eines Großkaufmanns oder dem Wert eines Hauses in guter Wohnlage an einer Gracht im Stadtzentrum Amsterdams entsprach. Einen Zeitstrahl mit weiteren Crashs finden Sie auf Seite 220.

Duty-free Shop: Geschäfte an Flughäfen oder auf Schiffen, in denen Waren zollfrei angeboten werden.

EADS (European Aeronautic Defence and Space Company): Europas größter Luft- und Raumfahrtkonzern, der unter anderem die Flugzeugserie Airbus baut.

Eagle: Im Jargon der Münzindustrie eine früher sehr beliebte amerikanische Goldmünze. Dabei stand der Eagle (dt. Adler) gleichsam für die Stärke der amerikanischen Währung und Hochfinanz. Schließlich ziert der Seeadler als Hoheitszeichen die Wappen bedeutender Einrichtungen der USA.

Early Bird: Dem deutschen „Wer zuerst kommt, mahlt zuerst." entspricht das englische „The early bird catches he worm." (Der frühe Vogel fängt den Wurm.) Übertragen ist der frühe Vogel der erste Spieler auf einem bestimmten Feld der Wirtschaft oder auch der Pionier einer bestimmten Innovation.

Early Stage Financing: In der Sprache der Venture-Capital-Industrie die Finanzierung eines frühen Stadiums eines Unternehmens. Im Gegensatz zur Seed-Finanzierung wird das Kapital hier nicht für die Gründung benötigt, sondern zur Durchführung von Studien oder zur Entwicklung von Marketingstrategien für ein schon fertiggestelltes Produkt.

Earn-out: Im Jargon der Mergers and Acquisitions ein Nachschlag für Investoren beim Verkauf eines Unternehmens oder von Teilen eines Unternehmens. Üblicherweise ist dies derjenige Teil aus dem Erlös eines Unternehmensverkaufs, der nach einer bestimmten Zeitspanne ausbezahlt wird, wenn entweder alle Altlasten beseitigt wurden oder sichergestellt ist, dass keine Altlasten vorhanden sind. Altlasten in diesem Sinne können zum Beispiel noch ausstehende Forderungen ehemaliger Geschäftspartner oder auch früherer Beschäftigter des Unternehmens sein.

EASDAQ (European Association of Stock Dealers Automated Quotation): Europäische Computerbörse in Brüssel. Gegründet 1996 als Pendant zur nordamerikanischen NASDAQ; Ziel war der Handel von wachstumsträchtigen Unternehmen, wie dies auch von der VC-Industrie gefordert worden war. Aufgrund der geringen Nutzung dieser Handelsplattform ist das Vorhaben aber inzwischen gleichsam eingeschlafen.

EBA → European Banking Authority

EBIT (Earnings before Interest and Taxes): Kennzahl für den Gewinn vor Steuern und Zinsaufwendungen, beschreibt die wirkliche Ertragskraft eines Unternehmens.

EBITDA (Earnings before Interest, Taxes, Depreciation and Amortization): Der Gewinn vor Zinsen, Steuern und Abschreibungen (auf Sachanlagen sowie auf Vermögensgegenstände). Damit eine betriebswirtschaftliche Kennzahl, die die wirkliche Leistungsfähigkeit und den Investitionsaufwand eines Unternehmens charakterisiert. Allerdings lassen sich durch den EBITDA keine Schlüsse darauf ziehen, in welchem Umfang Erhaltungsinvestitionen in Anlagen und Maschinen des Unternehmens fließen. Von daher kann aus dieser Kennzahl keine Aussage über die zukünftige wirtschaftliche Leistungsfähigkeit oder die produktive Kapazität des Unternehmens getätigt werden.

EBRD → European Bank for Reconstruction and Development

EBT (Earning before Taxes): Der Gewinn vor Steuern.

ECB → European Central Bank

ECFR → European Council on Foreign Relations

Economies of Scale: Kostensenkungseffekte, die in der Folge sinkender durchschnittlicher Produktionskosten einzutreten pflegen. Hierzu ein einfaches Beispiel: Eine Fabrik in Shanghai hat ihre Handy-Produktion von 10 Mio. Stück auf 100 Mio. erhöht. Dadurch sanken die Produktionskosten pro Stück auf ein Fünftel, weil die Ausbringungsmenge in diesem Fall wesentlich stärker gewachsen war als der Gesamtkostenblock.

ECU → European Currency Unit

EEC (European Economic Community): Europäische Wirtschaftsgemeinschaft (EWG). Gruppe westeuropäischer Länder, die sich zur engen Zusammenarbeit in Wirtschaft und Politik zusammengeschlossen hatten. Die EWG wurde am 25. 03. 1957 durch Unterschrift der Römischen Verträge von Belgien, Luxemburg, Frankreich, Italien, den Niederlanden und Deutschland gegründet. 1992 entstand durch Unterzeichnung der Verträge von Maastricht dann die Europäische Union, die mit Wirkung zum 01. 01. 1993 in Kraft trat.

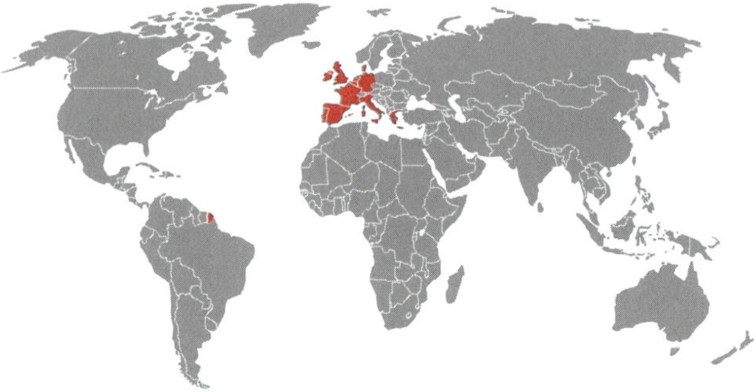

Karte der EEC-Länder (rot)

EFSF (European Financial Stability Facility); Kreditlinie zur Stabilisierung der europäischen Finanzen. Die mediale Berichterstattung verwendet hierfür meist die Bezeichnung „EU-Rettungsschirm". Gemeint ist damit, dass in finanzielle Schwierigkeiten geratene Staaten, die dem europäischen Währungssystem Euro angehören, Bürgschaften und flüssige Mittel erhalten, die ihnen wieder ermöglichen, dass sie auf den internationalen Kapitalmärkten durch Ausgabe von Staatsanleihen Finanzmittel schöpfen können. Sollten die so gestützten Staaten allerdings später derart in Schwierigkeiten geraten, dass die Garantien in Anspruch genommen werden, dann müssen die Geber-Staaten dieser Garantien (etwa Deutschland, Frankreich und die Niederlande) für diese Bürgschaften haften. Aus diesem Grunde ist es wichtig aufzuzeigen, dass der Nothilfe durch den EU-Rettungsschirm grundlegende Reformen des Staatshaushaltes und des Bankensystems eines jeden Landes folgen müssen, das Hilfen aus dem EU-Rettungsschirm erhält.

EFTA (European Free Trade Association); Europäische Freihandelszone. Angelehnt an den in den USA geschaffenen Begriff NAFTA. Tatsächlich ist die Europäische Union vielmehr als Zollunion zu betrachten, die sich eine eigene Währung geschaffen hat.

EIOPA (European Insurance and Occupational Pensions Authority); Europäische Aufsichtsbehörde für das Versicherungswesen. Am 10. 01. 2011 nahm sie in Frankfurt ihre Arbeit auf. Der EIOPA obliegt die Aufsicht über das Versicherungswesen und die betriebliche Altersvorsorge in der Europäischen Union.

Electronic Banking: Ein System zur Abwicklung der Kontoführung von Privat- und Firmenkunden über das Internet. Mit dieser Art der Abwicklung von Bankgeschäften werden die Kunden unabhängiger von Banköffnungszeiten, setzen sich aber auch der Gefahr krimineller Angriffe aus dem Internet aus.

Electronic Cash: Ein von der internationalen Bankwirtschaft geschaffenes System des bargeldlosen Zahlungsverkehrs mit Hilfe der EC-Karte oder sonstiger zugelassener Kreditkarten wie Maestro, VISA etc. Als Ersatz für seine Unterschrift legitimiert sich der Kunde mit einer Persönlichen Identifikationsnummer (PIN) an Geldautomaten oder an einer Kasse (Point of Sale). Mittlerweile gewinnt auch der Zahlungsverkehr über das Internet oder über Mobiltelefone an Bedeutung. Daher ist die Bezahlung über das Handy inzwischen auch als eine Form des Electronic Cash anzusehen.

Elevator Pitch: Die auf die wesentlichen Elemente einer Geschäftsidee reduzierte Präsentation vor Investoren. Der Name drückt aus, dass der Referent in der Lage sein sollte, den Vortag während einer Fahrt im Fahrstuhl (elevator) abzuhalten. Dementsprechend soll ein Elevator Pitch nicht länger als 1-2 Minuten dauern.

EMA (Exponential Moving Average): Exponentiell gleitender Durchschnitt. Nach Meinung verschiedener Analysten lässt sich mit Hilfe des EMA rascher auf kurzfristige Aktienpreisveränderungen reagieren. Darum lassen sich einige Anleger mit sogenannten Exponential Moving Average Alerts Alarmmeldungen auf ihr Handy oder ihren Instant Messanger schicken, wenn die Methode der exponentiell gleitenden Durchschnitte zu wichtigen Signalmeldungen Anlass gibt.

Emerging Market: Aufstrebender Markt. In der Finanzwirtschaft und der Nationalökonomie sind damit Schwellenländer wie die rohstoffreichen Staaten Südamerikas, die südostasiatischen Tiger-Länder sowie die afrikanischen Löwen-Staaten gemeint. Auch die erfolgreichen Staaten Osteuropas werden zu den Emerging Markets gezählt. Aufgrund eines überdurchschnittlich hohen Wirtschaftswachstums können mit Wertpapieren aus diesen Ländern hohe Kurssteigerungen, zuweilen aber auch hohe Verluste generiert werden.

Emerging Markets nach Kontinenten

Emission: Erstausgabe von Wertpapieren an einem organisierten Kapitalmarkt zur Beschaffung von Finanzmitteln.

EONIA (Euro Overnight Index Average) Ein Mitglied der EURIBOR-Zinsfamilie. Er stellt einen besonderen Durchschnittszinssatz für Tagesgelder im Interbankengeschäft dar. Siehe auch → Interbank Rate.

Equal Pay: Dieser Begriff rührt von der Diskussion der politischen Parteien und der Gewerkschaften über die Entlohnung von Leiharbeitern her, die in Firmen gleiche Tätigkeiten verrichten wie festangestellte Kräfte, jedoch geringer entlohnt werden. Die Gewerkschaften fordern von der Regierung und den großen Parteien gesetzliche Regelungen, die für Leiharbeiter nach einer bestimmten Frist die gleiche Bezahlung (equal pay) wie für festangestellte Kräfte sicherstellen.

Equal Weight: Nach der vom Wertpapierhandelshaus Morgan Stanley 2002 aufgestellten Einteilung heißt dies, dass ein Wertpapier sich ähnlich gut oder schlecht entwickelt wie der Gesamtmarkt. Siehe die Übersicht Seite 233.

Equity Story: Erfolgsgeschichte eines mit Eigenkapital errichteten Unternehmens. Die Equity Story ist eine einfache und eingängige Darstellung dessen, welche Faktoren oder welche Personen für den Unternehmenserfolg ursächlich waren. Eine gute Equity Story kann dazu beitragen, einem Unternehmen einen nahezu legendären Status zu sichern. So war IBM lange Zeit als erster Hersteller von Rechenmaschinen und Großcomputern der Pionier und Platzhirsch der IT-Branche auf dem Feld der Firmenkunden. Entwicklung und Werdegang von IBM lassen sich daher auch als Equity Story bezeichnen. Gleiches gilt für Microsoft und seinen Gründer Bill Gates.

ERP → European Recovery Program

ESA (European Space Agency): Die Europäische Raumfahrtagentur.

ESM (European Stability Mechanism): Derzeit ist vorgesehen, dass der Europäische Stabilitätsmechanismus ESM ab 2013 den EU-Rettungsschirm ablöst. Dazu soll ein Kapitalstock angelegt werden, der durch Zuwendungen großer europäischer Banken und Mittel der öffentlichen Hand zu realisieren sei. Hiergegen haben jedoch Großbanken wie die Deutsche Bank Widerspruch angemeldet, da sie in einer europaweit geltenden Bankenabgabe ein Wettbewerbshindernis gegenüber Banken sehen, die nicht dem EU-Raum angehören. Zudem haben mehrere deutsche Abgeordnete des Bundestages Widerstand gegen den Europäischen Stabilisierungsmechanismus angekündigt, wenn bei der Mitteleinspeisung des ESM das Haushaltsrecht des deutschen Parlaments eingeschränkt oder ausgeklammert werden sollte. Kritiker des ESM warnen davor, dass er aus der europäischen Währungsunion eine europäische Transferunion machen könnte. Als Transferunion müsste man eine Währungsunion bezeichnen, die nur durch finanzielle Subventionen funktioniert, welche beständig von wirtschaftlich stärkeren Ländern wie den Niederlanden, Deutschland, Luxemburg und Frankreich an wirtschaftlich schwächere Staaten wie Griechenland, Spanien und Portugal fließen.

ESMA (European Securities and Markets Authority): Von der EU eingesetzte Wertpapieraufsichtsbehörde, die seit 2011 mit Sitz in Paris tätig ist. Sie soll in Zusammenarbeit mit den nationalen Aufsichtsbehörden den Wertpapierhandel in der EU überwachen.

ETC → Exchange Traded Commodities

ETF → Exchange Traded Funds

Ethical Fund: Ethisch orientierte Kapitalanlagegesellschaft. Damit sind Investmentfonds gemeint, die Investments ausschließen, die sie als unmoralisch betrachten, wie etwa Rüstungsgeschäfte, Anlagen in Massentierhaltung, Kernkraft etc. Auch das Islamic Banking kann man als eine religiös gebotene Form oder eine extreme Art der ethisch motivierten Kapitalanlage betrachten.

EURIBOR (Euro Interbank Offered Rate): Ein Zinssatz, für den sich ausgewählte europäische Großbanken auf Euro lautende Termingelder ausleihen. Er ist ein wichtiger Anhaltspunkt für die Festlegung unterschiedlicher Arten von Kreditzinsen. Siehe auch die folgende Übersicht.

Wichtige Interbank Offered Rates

Name	Namensbezug
EURIBOR	Euro-Länder
FIBOR	Frankfurt am Main; 1999 im EURIBOR aufgegangen
LIBOR	London
NYBOR	New York

Euro Bond: Ursprünglich eine ausländische Anleihe, die in Europa gehandelt wird. Somit war eine auf USD lautende Anleihe, die von einem amerikanischen Unternehmen in Europa verkauft wurde, ein Euro Bond. Mittlerweile hat der Begriff in der politischen Diskussion um die Rettung des Euros jedoch eine ganz neue Bedeutung gewonnen. Als innovatives Finanz-Instrument sollen Euro Bonds Anleihen sein, die von der Europäischen Zentralbank oder einer anderen europäischen Institution ausgegeben werden können, für die aber die Gesamtheit aller EU-Staaten haften soll. Gegner der Euro Bonds bringen vor, dass durch dieses Instrument die Finanzierungskosten für finanziell starke Staaten wie die Niederlande, Luxemburg, Deutschland und Frankreich auf den Kapitalmärkten steigen würden, während sie für die finanziell schwachen Staaten wie Irland, Griechenland und Portugal tendenziell sinken würden, ohne dass sie die von der Schuldenkrise betroffenen EU-Staaten unbedingt zu einer stärkeren Haushaltsdisziplin zwängen. Die Kritiker warnen davor, dass über den Weg der Euro Bonds die Staatschulden der überschuldeten Länder Europas gleichsam vergemeinschaftet werden könnten. Befürworter der Euro Bonds sehen in ihnen hingegen einen gleichsam unverzichtbaren Rettungsring zu Bewahrung des Euros.

Eurocommercial Paper: Commercial Papers, die am Euro-Dollar-Markt oder am Euro-Kreditmarkt im Rahmen von sogenannten Euro-Commercial-Paper-Programmen aufgelegt werden. Im Vergleich zu den in den USA üblichen Commercial Papers unterscheiden sie sich vorrangig durch eine ausgeprägte Standardisierung in der Stückelung sowie längere Laufzeiten.

European Banking Authority (EBA): Europäische Aufsichtsbehörde für das Bankwesen. Diese Behörde nahm am 01. 01. 2011 ihre Arbeit gemäß einem Beschluss des Europäischen Parlaments auf, ihr Sitz ist in London. Sie übernimmt alle laufenden Vorgänge und alle Aufgaben des CEBS (Committee of European Banking Supervisors). Es gibt Planungen der Europäischen Union, sie sogar mit einer

Weisungsbefungnis gegenüber allen Geschäftsbanken der EU auszustatten.

European Central Bank (ECB): Die Notenbank der europäischen Währungsunion. Siehe Karte Seite 183.

European Currency Unit (ECU): Grundlegung der europäischen Währungsunion. Als 1979 geschaffene Kunstwährung war der ECU gleichsam ein Vorgänger des Euro, zusammengesetzt aus einem Korb von 12 Währungen. Dabei richtete sich die Gewichtung der einzelnen Währungen nach der Wirtschaftskraft des jeweiligen Landes.

European Union (EU): Europäische Union, gemeint ist damit nach dem Vorbild der Vereinigten Staaten die Einheit der Vereinigten Staaten von Europa, wie sie auch Winston Churchill schon vorgeschlagen hatte. Gegenwärtig ist die EU in erster Linie eine Zollunion, an die ein eigenes Währungssystem angeschlossen ist. Für eine gemeinsame Wirtschafts- und eine einheitliche Außenpolitik der Europäischen Union bedarf es noch weiterer politischer Abstimmungen.

European Bank for Reconstruction and Development (EBRD): Europäische Bank für Wiederaufbau und Entwicklung, eingerichtet im Jahr 1991, ständiger Sitz in London. Von dort aus unterstützt sie Wirtschaftsprojekte in den östlichen Staaten Europas, die vor dem Zerfall des sowjetischen Herrschaftsgebietes unter kommunistischer Herrschaft standen. Die EBRD fördert in diesen Staaten privatwirtschaftliche Vorhaben zum Auf- und Ausbau des Tourismus, des Umweltschutzes, der Landwirtschaft und zur Stärkung der Infrastruktur für den Straßen- und Schienenverkehr.

European Council on Foreign Relations (ECFR): Europäischer Rat für Außenpolitik. Diese gemeinnützige Organisation wurde im Jahr 2007 in Anlehnung an den in den USA tätigen Think Tank „Council of Foreign Relations" von fünfzig namhaften europäischen Poltikern und Wirtschaftsfachleuten ins Lebens gerufen. Zweck des ECFR soll es sein, durch Erstellung fundierter Untersuchungen und wissenschaftlicher Erhebungen die gemeinschaftliche Außen- und Sicherheitspolitik der Europäischen Union voranzutreiben. Gegenwärtig wird diese Vereinigung in erster Linie vom amerikanischen Millardär und Spekulanten George Soros finanziell unterstützt.

European Recovery Program (ERP): Ein 1947 von dem damaligen US-Außenminister Marshall angeschobenes finanzielles Hilfsprogramm, das dem Wiederaufbau der zivilen und ökonomischen Infrastruktur der durch den 2. Weltkrieg zerstörten Länder Europas dienen sollte. Die Finanzmittel aus diesem gemeinhin als „Marshall-Plan" bekannten Programm haben den Wiederaufbau der industriellen Strukturen auch in Deutschland stark gefördert. Die bei der Deutschen Bundesbank eingehenden Gelder aus den Krediten dieses Programmes wurden 1953 zum Eigentum der Bundesrepublik Deutschland erklärt, soweit sie nicht an die Vereinigten Staaten zurückzuzahlen waren, und stellen nunmehr das sogenannte ERP-Sondervermögen dar. Die Mittel aus diesem Programm werden bis heute zur wirtschaftlichen Förderung der neuen Bundesländer, des Exports und des Mittelstands genutzt.

European Style Option: Eine Form des Optionsgeschäftes, für die auch die deutsche Bezeichnung „europäische Option" üblich ist. Bei diesem Optionsgeschäft kann die Option nur zu einem bestimmten Zeitpunkt, in der Regel am Ende der Laufzeit, ausgeübt werden. Vergleiche → American Style Option.

Eurotower: Dieser Spitzname kennzeichnet einen in der Innenstadt von Frankfurt am Main gelegenen, 148 Meter hohen Wolkenkratzer, der seit 1998 der Sitz der Europäischen Zentralbank war. Im Laufe des Jahres 2011 zog diese dann in ein anderes Gebäude um, da der Eurotower ihr nicht mehr genügend Platz bot.

Evergreen Facilitiy: Eine Kreditlinie mit unbeschränkter Laufzeit, die nur durch Kündigung beendet werden kann.

Evergreen Funds: Offene Investmentfonds, deren Laufzeit und Ausgabevolumen nicht beschränkt sind. Somit können diese Kapitalsammelstellen zur Kapitalbeschaffung stets neue Anteile ausreichen.

Exchange Eletronic Trading (Xetra): Das computergesteuerte Handelssystem der Frankfurter Wertpapierbörse. Die Ausführung der Orders erfolgt im durchgängigen Handel und über zweimal am Tag stattfindende Auktionen. Xetra löste 1997 das bisherige Handelssystem IBIS ab und ermöglichte es, dass Aktien seitdem rund um die Uhr gehandelt werden können. Die Befürchtung von Kritikern, dass aufgrund der Einführung von Xetra der Parketthandel vollständig abgeschafft würde, hat sich lange Zeit nicht erfüllt. 2011 rang sich die Leitung der deutschen Börse allerdings dann doch zur Abschaffung des Parketthandels durch.

Exchange Traded Commodities (ETC): An einer Börse gehandelte Wertpapiere, die Kapitalanlegern ein Investment in Rohstoffen möglich machen. Die ETC stellen eine besondere Form von Zertifikaten dar, denn bei ihnen handelt es sich um Wertpapiere, die durch die vom Emittenten erworbenen Rohstoffe gedeckt sind. Im Insolvenzfall hätten Anleger daher theoretisch Anrecht auf Herausgabe eines ihrer Kapitalanlage entsprechenden Äquivalents an Rohstoffen.

Exchange Traded Funds (ETF): Börsengehandelte Aktienfonds, welche die Vorteile von Fonds (Diversifikation) und die von Aktien (Handelbarkeit) miteinander vereinen. Meist bilden diese ETF den Index eines Wertpapiermarktes oder eines Wertpapierteilmarktes ab.

Execution: Die Ausführung eines Kauf- oder Verkaufsauftrages für ein Wertpapier.

Executive Board: Die Vorstände einer amerikanischen Aktiengesellschaft. Allerdings ist zu beachten, dass es bei der angloamerikanischen Aktiengesellschaft nicht die klare Trennung von Vorstand und Aufsichtsrat gibt, wie wir sie aus Deutschland kennen. Stattdessen gibt es das Board of Directors, ein Gremium, in dem alle Personen, die bei uns den Organen einer AG entsprechen, versammelt sind. In diesem Gremium werden die Leitlinien der Geschäftspolitik gemeinsam beschlossen. Die Aufgabe des Executive Boards oder der

Executive Officers (siehe Chief Executive Officer) ist es nun, diese Leitlinien in die Praxis umzusetzen.

Exit: In der angloamerikanischen Finanzwirtschaft bezeichnet der Exit den Vorgang des Desinvestments. Gemeint damit ist der Verkauf einer Anlage über die Börse, an einen industriellen Investor (Trade Sale) oder an einen institutionellen Investor (Institutional Sale).

Exit Bonds: Staatsanleihen, die von einem Staat oder von einem im Auftrag eines Staates handelnden Finanzinstitut anlässlich der Ablösung gewisser bestehender Schulden ausgereicht werden. Bei diesen Exit Bonds kann es sich beispielsweise um Anleihen handeln, die zinsgünstig ausgereicht werden und die deutlich höher verzinste Anleihen ablösen, welche in der Vergangenheit begeben worden waren.

Exit Costs: In der Finanzwirtschaft allgemein die Kosten der Auflösung einer Position.

Expansion Stage Financing: Wachstumsfinanzierung in der Fachsprache der Venture-Capital-Geber in den USA. Der Begriff bezeichnet eine Form des Later Stage Financing zum Zwecke des Markt- und Umsatzwachstums eines Unternehmens. Gemeint ist, dass einem bestehenden und wirtschaftlich erfolgreichen Unternehmen weitere Fremd- oder Eigenmittel zugeführt werden, damit es sich vergrößern und weiter wachsen kann.

Expenses: Die Nebenkosten, die bei einem Kreditgeschäft entstehen und allgemein vom Kreditnehmer getragen werden. Expenses werden zuweilen auch als Out-of-Pocket

Expenses bezeichnet, weil sie vom Kreditnehmer sozusagen aus der Hosentasche (pocket) bezahlt werden können.

External Indebtedness: Die Verschuldung eines Kreditnehmers gegenüber gebietsfremden Kreditgebern in heimischer Währung oder gegebensfalls auch in Fremdwährung.

Face Value: Der Nominalwert eines festverzinslichen Wertpapiers oder einer anderen Kapitalanlage am Stichtag ihrer Fälligkeit.

Facility Management: Allgemein die Verwaltung gewerblicher Immobilien wie Schulen, Banken, Firmengebäuden oder Parkgaragen. Dies kann intern durch eine Abteilung einer Behörde oder eines Unternehmens erfolgen oder als externe Verwaltung durch Firmen, die sich auf die Betreuung gewerblicher Immobilien spezialisiert haben.

Factoring: Eine in den USA erdachte Form der Finanzierung zur Steigerung des Absatzes. Dabei kauft eine Bank oder eine zum Zweck der Factoring-Finanzierung gegründete Gesellschaft von ihrem Kunden eine Forderung vor ihrer Fälligkeit auf. Solche Forderungen können aufgrund einer Warenlieferung oder Dienstleistung entstanden sein. Nach dem Ankauf der Forderung erteilt der Factor dem Verkäufer der Forderung eine Gutschrift in Höhe des Rechnungsbetrages der Forderung abzüglich einer Factor-Gebühr und Zinsen. Beim echten Factoring trägt der Factor auch das Delkredere-Risiko, d. h. das Risiko des Ausfalles der Forderung. Beim unechten Factoring bleibt das Risiko des Zahlungseingangs beim Veräußerer der Forderung. Wenn die Forderung uneinbringlich ist, muss er sie wieder zurückerstatten.

Factory Outlet: Der Verkauf von Waren direkt ab Werk an die Endabnehmer. Weil Unternehmen sich bei diesem Geschäft die Zwischenhändler sparen, können sie die Waren bei gleicher Qualität deutlich günstiger abgeben. In den USA erfreut sich das Factory Outlet großer Beliebtheit. Mittlerweile gewinnt es auch in Deutschland, etwa bei Kleidung und Sportartikeln, zunehmend an Beliebtheit.

Fair Market Value: Der Preis, auf den sich Käufer und Verkäufer bei einem Wertpapiergeschäft einigen.

Fallen Angel: Einst hochangesehene Unternehmen, die binnen kurzer Zeit in Konkurs gehen oder in große wirtschaftliche Schwierigkeiten geraten. Oft waren eben diese Firmen in der Vergangenheit von Ratingagenturen oder auch Wirtschaftsprüfungsgesellschaften mit Bestnoten beurteilt worden.

Family Office: Vermögensverwaltungen, die darauf spezialisiert sind, das Vermögen von besonders wohlhabenden Privatpersonen oder begüterten Familien zu verwalten. Solche Vermögensverwaltungen befinden sich entweder im Besitz von ebendiesen wohlhabenden Privatpersonen oder Familien, oder sie sind in Banken oder großen Beratungsunternehmen angesiedelt. Bei den Family Offices unterscheidet man zwischen Single Family Offices und Multi Family Offices. Die ersteren beschäftigen sich nur mit der Verwaltung des Vermögens einer Familie oder einer Person. Hingegen verwalten

Multi Family Offices die Vermögensanlagen mehrerer Familien.

Family of Funds: Eine Gattung von Investmentfonds, die von einer Banken-Gruppe oder einer Investmentfonds-Gruppe vertrieben werden. Der Grundsatz dieser Family of Funds ist, dass Anleger ihre Anteile gegen eine geringe Gebühr innerhalb der gleichen Investmentfonds-Gruppe tauschen können. So können Anleger innerhalb einer solche Family of Funds beispielsweise von Rentenfonds in Aktienfonds tauschen („switchen").

Fannie Mae: Eine US-Hypothekenbank. Der inzwischen offizielle Name war ursprünglich eine Verballhornung der alten Unternehmensbezeichnung FNMA (Federal National Mortgage Association). Fannie Mae zählt zu den Government Sponsored Enterprises oder Government Sponsored Entities, d. h. dass für ihre Geschäftstätigkeit die Regierung der Vereinigten Staaten als Gewährsträger haftet. Als eine von Präsident Franklin Delano Roosevelt 1938 gegründete Organisation war es ihre Aufgabe, Kreditinstituten, regionalen Banken und Sparvereinigungen Hypothekenkredite zu garantieren. Dadurch wurden diese in die Lage versetzt, eine größere Zahl zinsgünstiger Immobilienkredite für angehende Hauskäufer auszureichen. Als großen Erfolg dieser Institution lässt sich werten, dass mit Hilfe dieser Einrichtung der Anteil der Hauseigentümer von 40 % im Jahr 1929 auf 62 % im Jahr 1960 anstieg. Die FNMA wurde 1968 in eine private Aktiengesellschaft umgewandelt, für die der amerikanische Staat jedoch noch immer als Gewährsträger haftet.

FAO (Food and Agriculture Organization of the United Nations): Die Ernährungs- und Landwirtschaftsorganisation der Vereinten Nationen. Sie wurde am 16. 10. 1945 in Quebec, der Provinzhauptstadt des französischen Landesteiles von Kanada, gegründet; seit 1951 liegt der Sitz der Organisation in Italiens Hauptstadt Rom. Mit beinahe viertausend Beschäftigten und einem Jahresbudget von nahezu 1 Mrd. USD gilt die FAO als größte Sonderorganisation der UN. Zu den Hauptaufgaben der FAO zählen die Unterstützung der Agrarproduktion und die Hilfe bei der Verteilung von landwirtschaftlichen Erzeugnissen. Zudem soll sie die Entwicklung der Landwirtschaft und der mit ihr verbundenen Industrie auf der ganzen Welt fördern und die Lebensbedingungen für alle in der Landwirtschaft tätigen Arbeitnehmer und Arbeitnehmerinnen verbessern helfen.

FAS → Free alongside Ship

FDIC (Federal Deposit Insurance Corporation): Der amerikanische Einlagensicherungsfonds, eine amerikanische Bundesbehörde, die die Einlagen von Geschäftsbanken bis zu einer Obergrenze von 100.000 USD für jeden Einzahler oder jede Gruppe von Einzahlern absichert. Für den Versicherungsschutz durch die FDIC muss jede amerikanische Bank eine Gebühr abführen. Die Höhe dieser Gebühr richtet sich nach dem Umfang der bei der jeweiligen Bank tatsächlich gehaltenen Einlagen.

Federal Funds Rate: Der Zinssatz, zu dem sich amerikanische Banken und Sparkassen Geld untereinander leihen. Weil dies täglich passiert, spricht man auch vom sogenannten Über-Nacht-Kredit (Overnight Credit).

Federal Reserve Act: Das 1913 von Präsident Woodrow Wilson unterzeichnete amerikanische Bundesbankgesetz, mit dem als Reaktion auf die Bankenkrise der vorausgegangenen Jahre eine Zentralbank geschaffen wurde, die durch die Garantie von Krediten und die Ausgabe neuen Geldes Finanzkrisen abzuwenden vermochte. Zu dieser Federal Reserve Bank (FED) siehe die Karte Seite 183.

FHLMA → Freddie Mac

Fiat Money: Diese lateinisch-englische Fügung („es möge Geld entstehen") bezeichnet Geld, dass wie heute üblich eine reine Vertrauensdeckung aufweist. Fiat Money oder Fiatgeld entsteht somit vermittels einer nicht durch Gold oder andere Edelmetalle abgedeckten Notenausgabe.

FIBOR (Frankfurt Interbank Offered Rate): Der ehemalige tagesaktuell über ein Jahr gemittelte Zinssatz, für den sich ausgewählte deutsche Großbanken voneinander Termingelder in DM ausliehen. Er wurde zum 01. 01. 1999 durch den EURIBOR und den EONIA ersetzt. Für weitere Interbank Rates siehe die Tabelle Seite 86.

Fill or Kill (FOK): Art eines beschränkten Auftrags, der zur Ausführung von Optionsgeschäften an Terminbörsen genutzt wird. Hierbei kann die Börsenorder nur sofort und gänzlich (filled) vollzogen werden, andernfalls ist sie gestorben (killed) und somit nichtig.

Finance Hedging: Eine Strategie zur Absicherung gegen Wechselkursrisiken bzw. gegen starke Kursänderungen von Wertpapieren. Dabei werden Kauf- oder Verkaufsoptionen auf die Währung bzw. die Wertpapiere erworben, die man selbst besitzt. Beim Eintritt starker Kursausschläge können so erhebliche Verluste vermieden werden. Regelmäßig genutzt wird dies von Exporteuren, die sich durch den Kauf von Finanzderivaten gegen unvorhersehbare Wechselkursschwankungen des Euro gegenüber dem Dollar oder dem Yuan absichern.

Financial Convenant: Vertragliche Zusicherung eines Kreditnehmers, gewisse Bilanzrelationen einzuhalten. Der Fincancial Convenant dient wie andere Convenants dazu, den Kredit- oder Kapitalgeber zusätzlich zu den geforderten Pfändern abzusichern.

Financial Futures: Terminkontrakte, die sich auf Währungen, Edelmetalle, Wertpapiere oder Börsenindizes beziehen. Terminkontrakte sind standardisierte Verträge zwischen zwei Parteien über den Kauf oder Verkauf von Gütern aller Art zu klar definierten Konditionen. Dabei liegt das Datum für Kauf oder Verkauf sehr oft in der Zukunft (future).

Financial Leverage Effect → Leverage Effect

Financial Stability Board (FSB): Eine Aufsichtsbehörde der G20, die von den Notenbanken, den Finanzministern und den Aufsichtsbehörden der G20-Staaten getragen wird. Ihr obliegen die Überwachung und Einflussnahme auf international tätige Banken und alle anderen international tätigen Finanzorganisationen.

First Mover Advantage: Vorteil des ersten Zuges, wenn Unternehmer auf dem Markt die ersten sind und dadurch einen bedeutenden Vorsprung gewinnen können. Allerdings genügt es nicht, auf einem bestimmten Feld Pionier zu sein, eine Firma muss auch in der Lage sein, ihre Position zu behaupten.

Five Friends: In der Welt des Devisenhandels die fünf Fluchtwährungen Schweizer Franken, Norwegische Krone, Schwedische Krone, Australischer Dollar und Kanadischer Dollar. In sie strömen immer dann, wenn die großen Reservewährungen US-Dollar, Euro und Japanischer Yen unter Druck geraten, große Menge an Kapital, da sie gegenwärtig noch als sehr solide Währungen gelten. Schließlich besitzen mit Ausnahme der Schweiz alle genannten Länder ansehnliche Vorkommen an Rohstoffen.

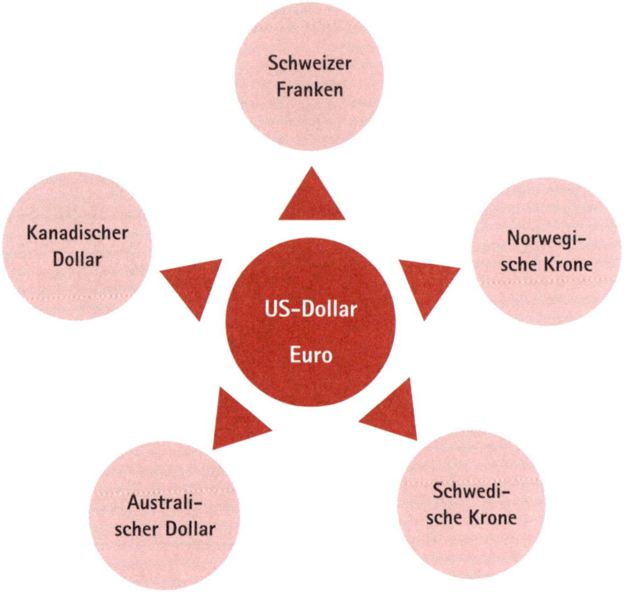

Die Five Friends

Fixed Debt Option: Optionsrecht, welches die Möglichkeit der Umwandlung variabel verzinslicher Floating Rate Notes in festverzinsliche Anleihen einräumt. Gegenstück: Floating Rate Debt Option.

Flash Crash: Der Zusammenbruch des elektronischen Wertpapierhandels. Am 06. 05. 2010 ereignete sich an den amerikanischen Kapitalmärkten ein massiver Einbruch der Aktienkurse, der höchstwahrscheinlich mit EDV-Problemen bei der

Eingabe der Kauf- oder Verkaufsorders in Zusammenhang stand.

Flat Fee: Eine besonders geringe Grundgebühr beim Kauf oder Verkauf eines Wertpapiers über einen Discountbroker.

Flip: So heißen die erfolgreichen Investitionsobjekte von Venture-Capital-Firmen. Das Gegenteil dazu sind die sogenannten **Flops**.

Flipper: Ein auch Dolphin Investor genannter Anlegertyp, der in Anlagen ein- und aussteigt, bildlich gesehen wie der Delfin Flipper, wenn er auf- und wieder abtaucht. Er zeichnet immer wieder Neuemissionen in Erwartung kurzfristiger Kursgewinne. Sobald der Dolphin Investor bei einer Neuemission Kursgewinne realisiert hat, steigt er aus der Anlage aus und sucht sich eine andere Neuemission.

Flipping: So wie der Delfin Flipper auf- und abtaucht, kauften Spekulanten in den 90er Jahren in den USA Immobilien und veräußerten sie in kurzer Zeit wieder mit Gewinn aufgrund der Hausse am amerikanischen Immobilienmarkt. Dieses Ein- und Aussteigen in Wohnimmobilien nannte man Flipping.

Floating: Ausdruck für frei schwankende Wechselkurse an den Devisenbörsen. Diese Kurse ergeben sich an den Kapitalmärkten durch Angebot und Nachfrage.

Floating Rate Debt Option: Sonderform eines festverzinslichen Wertpapiers in den USA. Der Inhaber erhält mit ihm das

Recht, sein Wertpapier gegen eine variabel verzinsliche Anleihe einzutauschen.

Floating Rate Note (FNR): Variabel verzinsliche Anleihen, Wertpapiere mit einer von einem Referenzzinssatz abhängigen und an seine Entwicklung anzupassenden Verzinsung. Das bedeutet, dass diese Anleihe im Gegensatz zu den gewöhnlichen Anleihen keinen über die Gesamtdauer der Anlage festen Zinssatz aufweist. Stattdessen gewähren diese Papiere für einen Zeitraum von 3-6 Monaten einen an kurzfristige Geldmarktsätze (z. B. LIBOR) gekoppelten Mindestzins auf, zu dem je nach Bonität des Schuldners entsprechende Auf- und Abschläge kommen.

Floor Funds: Diese Fonds haben gewissermaßen Boden (floor) unter den Füßen, es handelt sich um die angloamerikanische Bezeichnung für Garantie-Fonds.

Flop: Aktien oder Investments, die sich als Nieten innerhalb eines Portfolios erwiesen haben. Im Jargon der Venture Capitalists bezeichnet der Flop eine völlig fehlgeschlagene Investition. Siehe auch → Flip.

FNMA → Fannie Mae

FNR → Floating Rate Note

FOK → Fill or Kill

Follow-up: Das sich an eine internationale Konferenz oder an einen internationalen Kongress anschließende Folge-Meeting. Das Follow-Up-Meeting ist somit die Fortsetzung eines vorangegangenen Treffens.

Follow-up Report In der deutschen Börsensprache auch als Follow-up-Berichterstattung bezeichnet. Bei dieser ist es die Pflicht des Vorstandes einer Aktiengesellschaft, gemäß § 90 Abs. 1 AktG Abweichungen von den Planzahlen im Jahresabschluss zu erklären.

Foreign Currency Bond: Eine Anleihe, bei der die Zinszahlungen in einer anderen Währung geleistet werden, als es die Ausgabe-Währung der Anleihe war. Daher kann man diese Anleihe auch als eine Variante der Doppelwährungsanleihen betrachten.

Franchise: Vertragliche Übereinkunft zwischen einem sogenannten Franchise-Geber – meist ein Großunternehmen – und einem Franchise-Nehmer genannten Vertragspartner, die es dem Vertragspartner ermöglicht, die Franchise-Marke zu nutzen, die dazugehörigen Produkte zu vertreiben oder zu mieten oder auch sein Back-Office gegen Zahlung einer Franchise-Gebühr zur Unterstützung anzufordern. Mit Hilfe eines Franchise-Konzepts kann eine Gesellschaft rasch und mit verhältnismäßig wenig Kapital stark wachsen. Ein gelungenes und weltweit bekanntes Beispiel für ein Franchise-Konzept ist McDonald's.

Freddie Mac: Eine US-amerikanische Hypothekenbank. Als Federal Home Loan Mortgage Associaton (FHLMA) 1970 von der Regierung in Washington als Wettbewerber zur FNMA gegründet. Sie hatte die Aufgabe, für die von Banken gegebenen Hypothekenkredite zu bürgen. Sie ist nunmehr gleichfalls eine private Aktiengesellschaft, für die der amerikanische Staat haftet. Daher zählt man sie zu den GSEs, den staatlich geförderten Unternehmen. Unter ihrem neuen Namen Freddie Mac hörte auch die breite Öffentlichkeit von ihr einiges während der Subprime Crisis.

Free alongside Ship (FAS): Bedeutet in den Incoterms, dass der Verkäufer einer Ware die Kosten und die Haftung für die Lieferung der Waren bis zur Reling des für die Beförderung vorgesehenen Schiffes übernimmt. Siehe auch die Übersicht auf Seite 61.

Free Float: Der auch als Streubesitz bezeichnete Teil der börslich oder außerbörslich gehandelten Aktien, die frei gehandelt werden. Während ein Großteil der Aktien von den Gründern, eventuell auch Business Angels oder Investoren gehalten werden, stehen diese Aktien für den Kauf durch Privatanleger bereit.

Free Lunch: In der Arbitragetheorie ein risikofreier Arbitragegewinn. Arbitrage bedeutet, dass ein Händler daraus Profit zieht, dass das gleiche Gut oder das gleiche Wertpapier an unterschiedlichen Kapitalmärkten kurzfristig zu verschiedenen Preise gehandelt wird. Der Begriff „free lunch" bezeichnet ursprünglich ein kostenloses Mittagessen.

Free Riding: Eine von der SEC in den USA für illegal erklärte Börsenpraktik. Dabei halten eine Bank oder mehrere Banken aus einem für eine Wertpapieremission zuständigen Konsortium einen Teil der Wertpapieremission zurück, in der Hoffnung, mit diesen Wertpapieren zu einem späteren Zeitpunkt einen deutlich höheren Preis zu erzielen.

Illegale Börsenpraktiken

Friendly Takeover: Eine Übernahme im gegenseitigen Einvernehmen von Management und Mehrheit der Anteilseigner.

Frontier States: Ursprünglich in der Ära des Wilden Westens diejenigen amerikanischen Bundesstaaten, die an die Wildnis oder an von Indianern besiedelte Gebiete angrenzten. Das Leben in diesen Grenzstaaten galt als ebenso gefährlich wie entbehrungsreich. In der Finanzwirtschaft gelten heute kleinere Schwellenländer als sogenannte Frontier States oder

Frontier Markets. Zwar locken diese Märkte mit hohen Gewinnchancen auf ihren Wertpapiermärkten. Diesen Chancen stehen jedoch auch hohe Risiken gegenüber aufgrund einer geringen Marktkapitalisierung sowie einer noch unterentwickelten Infrastruktur und Regulierung dieser Wertpapiermärkte. Der Terminus der Frontier States wurde 1992 vom Leiter der Datenbank für Emerging Markets, Farida Khambata, erstmalig in Publikationen im Zusammenhang mit kleineren Schwellenländern benutzt.

Front Running: Der Kauf von Wertpapieren durch Experten in Erwartung hoher Kursgewinne bei Empfehlung dieser Wertpapiere an ahnungslose Privatanleger. So handelnde Experten können Analysten einer Bank sein, Angehörige einer Anlegerschutzgemeinschaft oder auch Wirtschaftsjournalisten. Bei einer auf dem Wege der Selbstzuteilung durchgeführten Wertpapieremission ist Free Running der im Wissen zu erwartender hoher Kundenaufträge erfolgte vorzeitige Kauf von Wertpapieren durch Händler. Dadurch erhalten die Kunden die Wertpapiere zu höheren Preisen, als diese den Händlern berechnet worden waren.

Fruppies (Frustrated Urban Professionals): Slangausdruck für unzufriedene Berufstätige aus Großstädten, ein Pendant zu den karriereorientierten Yuppies.

FSB → Financial Stability Board

Fund of Funds → Umbrella Funds

Fundraising: Die Akquisition von Kapital. Das kann Geld für gemeinnützige Organisationen sein oder auch Kapital für profitorientierte Firmen.

Funds Picking: Eine Anlagestrategie, die eine höhere Rendite durch eine Auswahl der besten Investmentfonds für ein Portfolio postuliert. Das Funds Picking wird vornehmlich von Privatbanken und Vermögensverwaltungen angeboten. Es gibt jedoch keinen stichhaltigen Nachweis, dass diese Analagestrategie wirklich zu signifikant höheren Wertsteigerungen führt.

Futures: Terminkontrakte, also Verträge über den Kauf oder Verkauf von Gütern, Rohstoffen oder Wertpapieren zu vorab festgelegten Preisen. Dabei liegt das Datum von Kauf, Verkauf oder auch Lieferung in der Zukunft (future). Futures umfassen sowohl Waren-Terminkontrakte (Commodities) als auch Finanz-Terminkontrakte (Financial Futures).

GAAP → Generally Accepted Accounting Principles

GARP → Growth at Reasonable Prices

GATT → General Agreement on Tariffs and Trade

GDR → Global Depositary Receipt

General Agreement on Tariffs and Trade (GATT): Allgemeines Zoll- und Handelsabkommen, eine von der WTO durchgesetzte weltweite Übereinkunft mit dem Ziel des Abbaus von Zoll- und Handelsschranken.

Generally Accepted Accounting Principles (GAAP): Die Grundsätze ordnungsmäßiger Rechnungslegung. Sie stellen Regeln dar, die Buchhalter und Wirtschaftsprüfer beim Erstellen von Abschlüssen beachten sollen. Zweck dieser Vorschriften ist es, dass Jahresabschlüsse unterschiedlicher Firmen aufgrund gemeinschaftlich beachteter Normen vergleichbar werden.

Gilts: Staatsanleihen des Vereinigten Königreichs, sowohl die fest als auch die variabel verzinslichen.

Ginnie Mae: Der Umgangssprache entlehnte Bezeichnung für die GNMA (Government National Mortgage Association). Diese Gesellschaft ist ein privatwirtschaftliches Unternehmen, für das aber ähnlich wie bei Fannie Mae, Freddie Mac und Sallie Mae die amerikanische Regierung bürgt. Ginnie Mae gibt Wertpapiere aus, für welche Hypotheken der Federal Housing Administration, der Veterans Administration und der Farmers House Administration als Sicherheit dienen. Besonders in Zeiten sinkender Zinsen gelten Anleihen von Ginnie Mae als sicherer Hafen für Anleger, da die Zahlung der Zinsen und die Tilgung des Kapitals – nicht zuletzt aufgrund der Staatshaftung – stets pünktlich zu erfolgen pflegen. Durch ihre Schlüsselfunktion bei der Refinanzierung von Hypothekarkrediten in den USA trägt Ginnie Mae ganz wesentlich dazu bei, Immoblilienfinanzierungen für private Hausbauer und Erwerber privater Wohnimmobilien besonders günstig zu halten.

GIPS (Greek, Italy, Portugal and Spain): Griechenland, Italien, Portugal und Spanien. Das Kürzel GIPS ist eine freundlichere

Variante als PIGS („Schweine") zur Aufzählung derjenigen Länder der Europäischen Währungsunion, die sich seit 2010 in finanziellen Schwierigkeiten befinden und mit einer hohen Staatsverschuldung zu kämpfen haben. Gelegentlich wird auch Irland dazu gezählt. Als stark diskriminierende Abkürzungen sind entsprechend PIIGS und GIPSI (nach „gypsy" = Zigeuner) in Gebrauch gekommen. Aufgrund des diskriminierenden Untertons dieser Begriffe ist von ihrer Benutzung eher abzuraten, eine Ächtung wird von der Fachpresse jedoch nur teilweise umgesetzt.

Glamor Stock: Ein Wertpapier, das in der Finanzpresse lobend erwähnt wird und dadurch einen erheblichen Zuwachs an Prestige erfährt.

Glass-Steagall Act of 1933: Dieses auch Banking Act of 1933 genannte Gesetz wurde von Senator Cater Glass aus Virginia und dem Abgeordneten des Repräsentantenhauses Henry B. Steagall eingebracht und von Präsident Franklin Delano Roosevelt unterschrieben. Mit seiner Billigung führten die Vereinigten Staaten das Trennbanksystem ein. Diese Einrichtung war eine Folge der Wirtschaftskrise von 1929 bis 1933; schließlich hatte man festgestellt, dass gerade durch die Vernetzung von Commercial- und Investment-Banking große Verluste und eine Art Domino-Effekt eingetreten waren. Das Glass-Steagall-Gesetz schuf nun eine Auftrennung in Geschäftsbanken (Commercial Banks) und Wertpapierbanken (Investment Banks).

Global Bond: Eine Globalanleihe. Damit ist eine Urkunde gemeint, die zeitweise die Gesamtemission einer Anleihe darstellt. Sie kann sowohl zur Emissionskontrolle als auch bis zur Auslieferung der effektiven Stücke eingesetzt werden.

Global Depositary Receipt (GDR): Bescheinigungen, die von weltweit tätigen Banken auf hinterlegte Originalaktien ausgegeben werden.

Global Note Facility: Art einer Commercial-Paper-Kreditlinie, die die Ausgabe von Commercial Papers zeitgleich in den Vereinigten Staaten von Nordamerika und in Europa gestattet.

GNMA → Ginnie Mae

Going away: Der käufliche Erwerb großer Teile einer Serienanleihe durch institutionelle Investoren.

Going long: Der Aufbau einer Long Position durch den Kauf von Finanzinstrumenten auf Termin. Der Aufbau einer Long Position bedeutet, dass ein Kapitalanleger einen Kursanstieg eines Wertpapiers und damit zukünftige Gewinne erwartet und aus diesem Grund Optionen zum Kauf dieses Wertpapiers erwirbt.

Going private: Rückzug vom Kapitalmarkt, oft verbunden mit einem Aufkauf der frei handelbaren Wertpapiere des Unternehmens oder auch einem Squeeze-out. Voraussetzung für das Going private ist aber ein Delisting.

Going public: Die Einführung der Wertpapiere eines Unternehmens, vorrangig Aktien, an einem organisierten Kapitalmarkt.

Going short: Leerverkauf von Aktien. Ein spekulativ eingestellter Anleger veräußert Aktien, die er noch nie besessen hat, in der Hoffnung, sie in der Zukunft zu einem günstigeren Preis erwerben zu können. Hierzu muss man wissen, dass es in der Welt der Kapitalmärkte möglich ist, Wertpapiere zu verkaufen, die einem noch nicht gehören, wenn man sich verbindlich verpflichtet, sie zu einem späteren Zeitpunkt käuflich zu erwerben, um die zuvor „geliehenen" Wertpapiere an den ursprünglichen Eigentümer zurückzugeben.

Golden Handcuffs: Ein sehr großzügiges finanzielles Angebot, das eine Fach- oder Führungskraft vom Wechsel zu einem anderen Unternehmen abhalten soll. Die Fach- oder Führungskraft soll gleichsam durch diese Vergünstigungen an das alte Unternehmen gefesselt bleiben („goldene Handschellen").

Golden Handshake / Golden Parachute: Sogenannte Schutzschilde zu Abwehr oder zu Erschwerung feindlicher Übernahmen. So wird bestimmten Führungskräften die Zahlung hoher Abfindungen für den Fall zugesichert, dass sie bei einer Übernahme des Unternehmens gekündigt werden. Einem an einer Übernahme interessierten Unternehmen werden so von vornherein hohe Lasten aufgebürdet, die es von einer feindlichen Übernahme abschrecken sollen.

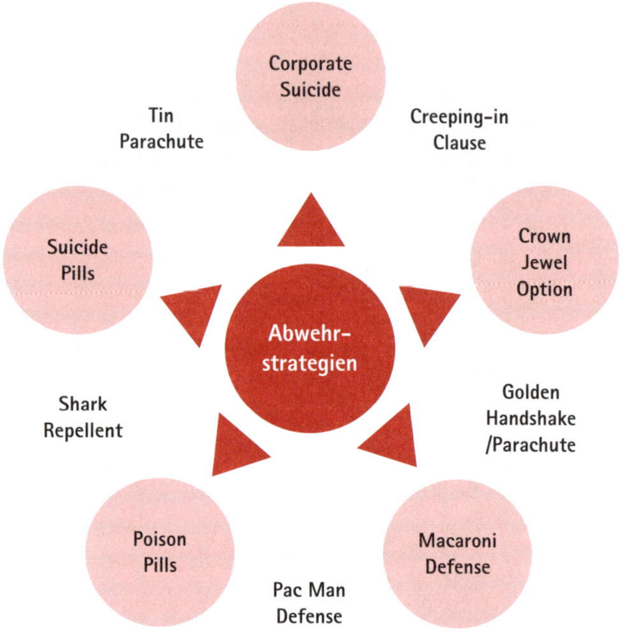

Abwehrstrategien gegen feindliche Übernahmen

Golden Ticket: Eine außerordentliche Chance oder Möglichkeit. Der Begriff entstammt der vom bekannten britischen Buchautor Roald Dahl verfassten Geschichte „Charly und die Schokoladenfabrik". Darin wird fünf Schulkindern die Möglichkeit zum Besuch einer Schokoladenfabrik eröffnet, wenn sie in einer bestimmten Tafel Schokolade eine goldene Eintrittskarte entdeckt haben. Die Geschichte wurde mehrfach verfilmt, zuletzt mit Johnny Depp in der Rolle des exzentrischen Schokoladen-Fabrikanten Willy Wonka.

Gold Fund: Eine Kapitalanlagegesellschaft, die ihre Finanzmittel in Gold oder Anteile an Goldbergwerken anlegt. Im Zuge der Hausse von Gold haben solche Anlagegesellschaften überdurchschnittlich an Wert gewonnen.

Goldman Sachs: Die einzige nach der großen Finanzkrise 2009 noch im Investmentbanking tätige Bank in den USA. Sie ist auf den Geschäftsfeldern des Asset Managements, des Private Bankings, des Underwritings und des M&A tätig. Im Jahr 2009 erzielte sie mit ca. 33.000 Mitarbeitern einen Umsatz von ca. 45 Mrd. USD und einen Gewinn von ca. 12 Mrd. USD. Herausragende Börsenfachleute wie Jim O'Neill stammen aus den Reihen des Bankhauses Goldman Sachs, das 1869 von dem deutschen Emigranten Marcus Goldman gegründet worden war. Mit dem Eintritt seines Schwiegervaters Samuel Sachs erhielt das Kreditinstitut seine heutige Bezeichnung.

Gombeen Man → Credit Shark

Good Bank: Bezeichnung für Banken, für deren Verbindlichkeiten der Staat (also der Steuerzahler) haftet und diese Kreditinstitute so vor dem wirtschaftlichen Niedergang bewahrt.

Good Governance: Bezeichnung für eine Geschäftsführung von Banken, die von Sachkunde, Umsicht und verantwortlichem Handeln geprägt ist. Als Lehre aus der letzten Finanzkrise hat die Finanzaufsicht erkannt, dass es nicht nur genügt, die Eigenkapitalvorschriften der Banken zu überwachen. Stattdessen muss eine wachsame Finanzaufsicht die gesamte Geschäftstätigkeit der Banken sehr genau im Auge behalten.

Good 'Til Cancelled (GTC): Form eines unbegrenzten Auftrags, der zur Durchführung von Optionsgeschäften an Terminbörsen erteilt wird. Der mit einem solchen Zusatz versehene Auftrag hat seine Gültigkeit bis zum Widerruf.

Good'Til Date (GTD): Ein mit einer Ausführungseinschränkung versehener Auftrag bei Optionsgeschäften, der nur bis zum definierten Zeitpunkt Gültigkeit hat.

Good Will: Der Firmenwert eines Unternehmens, wenn er positiv ist. Ist er hingegen negativ, wird er als **Bad Will** bezeichnet. Der Good Will bzw. Bad Will wird ermittelt, indem man den Ertragswert einer Firma um ihren Substanzwert vermindert. Dabei weicht der Substanzwert üblicherweise von den Buchwerten ab, da grundsätzlich auch die stillen Reserven zum Zeitpunkt der Übernahme zu berücksichtigen sind.

Governmental Agency: Eine Körperschaft, die unterhalb der Staatsebene, aber mit Wissen und im Wollen des betreffenden Staates handelt.

Government-sponsored Enterprise (GSE): Finanzinstitute wie Fannie Mae, Freddie Mac oder Sallie Mae, die mit staatlicher Unterstützung errichtet wurden, um jeweils bestimmte Gruppen der amerikanischen Gesellschaft besser mit Krediten versorgen zu können. Diese Finanzinstitute firmieren als privatwirtschaftliche Firmen, doch bürgt für sie der amerikanische Staat. Die Gründung der ersten GSEs erfolgte während der Regierung von Franklin Delano Roosevelt während der 30er Jahre mit dem Ziel, mehr Menschen den Erwerb von Wohneigentum möglich zu machen. Seltener werden sie auch als Government-sponsored Entities bezeichnet.

Great Game: Der Begriff des großen Spiels (great game) wurde in den 30er Jahren des 19. Jahrhunderts von britischen Offizieren geprägt. Er bezeichnete das Ringen Großbritanniens und Russlands um die Vorherrschaft in Afghanistan und dem Iran. Mittlerweile wird in der angloamerikanischen Literatur manchmal der Ausdruck des New Great Game benutzt, um auf die politischen oder ökonomischen Auseinandersetzungen zwischen den Nationen USA, Russland, Indien und China in Afghanistan und in Zentralasien hinzuweisen.

Great Society: Eine vom 36. Präsidenten der Vereinigten Staaten, Lyndon B. Johnson (Präsident von 1963-69), während seiner Amtszeit verfolgte Vision der „großartigen Gesellschaft". Sie sah die Besserung der gesellschaftlichen Lebensbedingungen durch eine Stärkung der Bürgerrechte und eine Bekämpfung der Armut vor. Auf dem Feld der Sozialversicherung machte Johnson mit der Einführung der Medicare- und Medicaid-Programme erstmals breiten Schichten der amerikanischen Bevölkerung einen Krankenversicherungsschutz zugänglich.

Greenback: Der Begriff reicht zurück in die Zeit des amerikanischen Bürgerkrieges. Da die Regierung der Nordstaaten für die Kriegsführung erhebliche Finanzmittel benötigte, gab sie in großen Mengen Banknoten heraus, die wegen ihrer dunkelgrünen Rückseite Greenbacks („Grüner Rücken") genannt wurden.

Greenfield Investment: Neugründung eines Unternehmens auf unbekanntem Gelände, z. B. im Ausland oder in einer noch nicht erschlossenen Region.

Greenmailing: Bezeichnet den Vorgang, wenn Investoren Aktien eines Unternehmens erwerben, um das betreffende Unternehmen später mit dem Ziel unter Druck zu setzen, eben diese Aktien teuer zurückzukaufen. Der Begriff ist ein Kunstwort, gebildet aus „green" (grün als Symbolfarbe für Dollarscheine) und „blackmailing" (Erpressung). Dabei kann die Drohung darin bestehen, dass im Falle einer Weigerung die Aktien an einen Raider weitergereicht werden, der sie für eine feindliche Übernahme nutzt. Oder es wird damit gedroht, dass man, berechtigt durch den Aktienbesitz, eine Klage gegen das betreffende Unternehmen wegen nicht erreichter Geschäftszahlen oder anderer Formfehler einreicht. Solche Klagen können in den USA und mittlerweile auch in Europa für Manager und deren Firmen sehr teuer werden, so dass sich der Abschluss von Unternehmensleiterhaftpflichtversicherungen immer stärker verbreitet.

Greenshoe: Eine Mehrzuteilungsoption beim Going public einer Aktiengesellschaft. Für den Fall, dass die Nachfrage nach der zu emittierenden Aktie das vorgesehene Emissionsvolumen deutlich überschreitet, kann das Emissionskonsortium Aktien aus dieser Mehrzuteilungsoption bereitstellen, damit der Kurs stabilisiert wird. Die Nutzung eines Greenshoe ist somit auch das Signal für eine vom Markt gut aufgenommene Emission.

Greyback: Ebenso wie der Ausdruck Greenback rührt auch der Begriff Greyback vom Sezessionskrieg her. Ähnlich wie die Regierung der Nordstaaten gab auch die Regierung der Südstaaten zum Zwecke der Kriegsführung den Auftrag, große Mengen Papiergeld zu drucken. Diese Banknoten hatten allerdings eine graue Rückseite und wurden daher allgemein Greybacks (grauer Rücken) genannt. Nach der Niederlage der Südstaaten im Sezessionskrieg waren die Greybacks völlig wertlos und verschwanden auch aus dem Sprachschatz.

Grey Knight: Im Jargon der Börsenwelt stellt ein solcher „grauer Ritter" in der Auseinandersetzung um eine feindliche Übernahme eine Firma dar, die einen White Knight überbietet, um ihre eigenen Ziele zu verfolgen. Allerdings handelt diese Firma nicht im Auftrag eines Black Knights, sondern sie agiert aus eigenem Antrieb und in eigenem Interesse. Siehe auch die Übersicht Seite 247.

Grey Market: Ein Kapitalmarkt, der sich vollständig oder weitestgehend einer offiziellen Kontrolle entzieht.

Grey Practices: Geschäftsmethoden, die sich hinsichtlich der Tatbestände Korruption und Vorteilsnahme in einer rechtlichen Grauzone auf der Grenze zwischen Legalität und Illegalität abspielen.

Grill Party: In der Sprache der Venture-Capital-Geber und der Finanzanalysten eine besondere Besprechung mit dem

Management eines Unternehmens. Die potenziellen Geldgeber befragen dabei die Führungskräfte sehr eingehend hinsichtlich der Schwachpunkte oder schwacher Zahlen des Unternehmens. Die Führungsmannschaft des Finanzmittel benötigenden Unternehmens wird gleichsam „gegrillt".

Growth at Reasonable Prices (GARP); Investmentregel, dass neue Wertpapiere für das Portfolio einer Kapitalsammelstelle nicht zu teuer, sondern zu vernünftigen Preisen (reasonable prices) eingekauft werden sollen, damit man noch von einem entsprechenden Wertzuwachs (growth) dieser Papiere profitieren kann.

Growth Financing: In der Sprache der Venture Capitalists die Gabe von Kapital an Unternehmen, um deren Gewinn- und Umsatzwachstum zu beschleunigen. Synonyme: Later Stage Financing, Wachstumsfinanzierung.

Growth Fund: Ein Investmentfonds, der strategisch auf Wachstum setzt und Aktien von meist technologiebasierten Gesellschaften in sein Portfolio aufnimmt, die in Zukunft hohen Profit versprechen. Allerdings ist eine solche Politik der Kapitalanlage nicht nur mit hohen Chancen, sondern auch mit großen Risiken verbunden, wie die zahlreichen IT-Hypes aufgezeigt haben.

GSE → Government-sponsored Enterprise

GTC → Good 'Til Cancelled

GTD → Good 'Til Date

Gun Jumping: Eine zumindest anrüchige, wenn nicht sogar gesetzeswidrige Börsenpraxis, bei der ein Wertpapier gehandelt wird, bevor Insiderinformationen an die Öffentlichkeit gelangen. Eine Übersicht mit weiteren illegalen Börsenpraktiken finden Sie auf Seite 105.

Haircut: In seiner ursprünglichen Bedeutung der Prozentsatz des Abschlags, den man von einem Wertpapier vor seiner Beleihung abzieht. So könnte man bei einer Aktie eines Standardwertes einen Haircut von 50 % ansetzen, so dass diese mit 50% ihres gegenwärtigen Kurses beliehen werden kann. Eine Staatsanleihe hätte vielleicht nur einen Haircut von 10-20 % zu erwarten, so dass diese mit 80-90 % beliehen werden kann. Im Zuge der Diskussion über Lösungen für die europäische Wirtschafts- und Finanzkrise bekommt der Terminus Haircut inzwischen eine neue Bedeutung. So wird das Wort Haircut auch für eine bestimmte Quote eines Forderungsverzichtes gegenüber hoch verschuldeten Staaten der EU (wie z. B. Griechenland) genutzt.

Hands-on Principle: Die Einstellung eines Kapitalgebers, dass er im Falle der Ausreichung von Fremd- oder Eigenkapital bei allen maßgeblichen Entscheidungen des Unternehmens mitbestimmen will. Zur Absicherung wird diese Forderung oft vor der Gabe von Fremd- oder auch Eigenkapital in Vertragsklauseln gekleidet. Nicht selten fordert der Kapitalgeber dann für sich oder seine Gesellschaft Positionen in der Geschäftsleitung oder auch im Aufsichtsrat des Investitionsobjektes.

Hang Seng Index (HSI): Dieser bildete ursprünglich die 33 Standardaktien der Hongkonger Börse ab. Mittlerweile führt der Hang Seng Index als Hang Seng Mainland 100 Index die 100 größten Unternehmen Chinas. Zusätzlich kennt der Hang Seng Index noch Unterteilungen für bestimmte Branchen, Mid-Caps und Small-Caps.

Hard Claim: Eine Forderung oder eine Verbindlichkeit, die nicht verhandelbar ist. So lassen sich Kreditinstitute grundsätzlich nicht auf Verhandlungen mit ihren Kreditnehmern ein, es sei denn, dass sie deren Zahlungsunfähigkeit befürchten müssen, wenn sie diesen nicht entgegenkommen.

Hard Landing: Im Sprachschatz der Nationalökonomen eine plötzliche Abkühlung nach einer Hochkonjunkturphase, die allgemein mit einem Wegfall des Wirtschaftswachstums und signifikant steigenden Arbeitslosenzahlen einhergeht.

Hard Skills: Handfeste fachbezogene Qualifikationen wie eine abgeschlossene Berufsausbildung, ein Studium oder besondere Berufserfahrungen auf einem bestimmten Feld. Gegenstück: Soft Skills.

Head and Shoulders: In der technischen Aktienanalyse ein Muster aus einem Schaubild (Chart), das entsteht, wenn eine Aktie in einem betrachteten Zeitabschnitt dreimal hintereinander ansteigt und wieder fällt, wobei die mittlere Spitze deutlich höher liegt als die erste und die letzte. Mit etwas Phantasie kann man darin eine Kopf- (head) und Schulterformation (shoulders) erkennen.

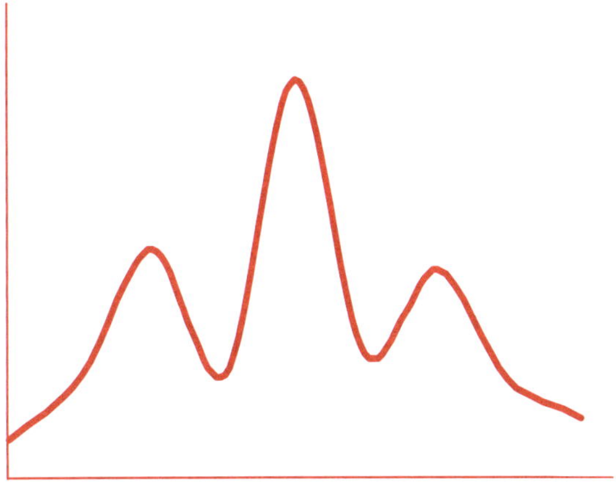

Schematischer Head-and-Shoulders-Kursverlauf

Headhunter: Personaler, die versuchen, Fach- und Führungskräfte aus bestehenden Arbeitsverhältnissen abzuwerben, indem sie ihnen attraktivere Angebote unterbreiten. Im Zuge des War for Talents umschreibt dieser Terminus sehr plastisch die Jagd auf qualifizierte oder hochqualifizierte Kräfte. Die ursprüngliche Bedeutung von Headhunter als Kopfgeldjäger geht zurück auf einen Berufsstand, den es im Wilden Westen gab. Dies waren Personen, die zur Fahndung ausgeschriebene Banditen gegen Belohnung tot oder lebendig bei den zuständigen Behörden ablieferten. Aus dem dann gezahlten Kopfgeld bestritten diese Personen ihren Lebensunterhalt, wie es in zahlreichen Western-Filmen anschaulich dargestellt worden ist.

Headline Inflation: dt. Kerninflation. Soll die wirkliche Inflation darstellen, die nicht durch die saisonalen Schwankungen der Preise für Nahrungsmittel oder auch Energiepreise verfälscht wird. Daher benutzt man für ihre Messung einen repräsentativen Warenkorb, aus dem möglichst solche Güter, die starken jahreszeitlichen Schwankungen unterliegen, herausgenommen worden sind.

Heart Bonds: Anleihen, die von einer privaten aber gemeinnützig ausgerichteten Gesellschaft ausgegeben werden, wie etwa von einer Kirche, einem Krankenhaus oder einer Schule. Beim Käufer solcher Wertpapiere soll somit das soziale Gewissen oder das Herz (heart) mehr angesprochen werden als der Verstand.

Hedge Funds: Eine im Deutschen auch als Hedgefonds bezeichnete Sonderform von Investmentfonds. Da sie zumeist in Offshore-Regionen ansässig sind, unterliegen sie in der Regel einer freizügigen Wertpapieraufsicht und können durch die von ihnen betriebene risikofreudige Anlagepolitik hohe Renditen, jedoch auch hohe Verluste generieren. Zudem sind auch im Falle einer guten Wertentwicklung die von der Performance abhängigen Gebühren nicht niedrig. Die G20-Staaten haben mittlerweile jedoch mit der AIFM-Gesetzgebung den Versuch unternommen, die Geschäftsleiter von Hedge Funds und damit auch die Hedge Funds selbst einer gewissen Regulierung zu unterwerfen.

Hedging: Die Eingrenzung von Risiken. So können einzelne Wertpapiere oder ganze Wertpapierportfolios gleichsam durch den Kauf von Derivaten abgesichert werden, was Verlusten durch Wertschwankungen von Indizes, Währungen oder Rohstoffen vorbeugt.

Hidden Champions: Unternehmen, die der breiten Öffentlichkeit wenig oder nicht bekannt sind, die aber dennoch zu den weltweit führenden Unternehmen eines Wirtschaftszweiges gehören. So gibt es beispielsweise Zulieferbetriebe der Automobilindustrie, die unentbehrliche Komponenten für Autos herstellen, aber in der Öffentlichkeit nicht oder nur wenig bekannt sind.

High Flyer: Dieser Begriff steht einerseits für eine hochspekulative Aktie, deren Kurs lediglich in Erwartung großer zukünftiger Erträge angestiegen ist. Andererseits bezeichnet er auch ein erfolgreiches Anlageobjekt im Portfolio einer Venture-Capital-Firma.

High Grade: Dieser Terminus kennzeichnet ein Wertpapier als außerordentlich hochwertig. Er bedeutet, dass ein Wertpapier von einer Ratingagentur eine ausgezeichnete Benotung erhalten hat, wie beispielsweise AAA oder AA.

Highly Leveraged Transaction → Leveraged Buyout

High Society → Upper Ten Thousand

High Water Mark: In der Sprache der Vermögensverwalter und Fonds-Manager der Wert eines Portfolios oder eines Wertpapiers, der überschritten werden muss, bevor der Vermögensverwalter oder der Fonds-Manager eine zusätzliche Vergütung erhält.

High Yield Bonds: Hochverzinsliche Anleihen mit niedriger Bewertung durch Ratingagenturen. Diese Wertpapiere sind daher oft auch mit einem hohen Verlustrisiko behaftet. Siehe auch → Junk Bonds.

Hindsight: Oft zu beobachtende Erscheinung, dass Anleger beim Eintritt bestimmter Ereignisse glauben, diese wären vorhersehbar gewesen. Durch solche Ansichten entsteht bei einigen Marktteilnehmern die Illusion, dass die Börse vorhersehbar und berechenbar sei.

HLT → Leveraged Buyout

Hockey Stick: Bezeichnet das Gewinn- und Verlustprofil am Verfallstag einer Option, da es in seiner schräg geknickten Gestalt aussieht wie ein Hockey- bzw. Eishockey-Schläger.

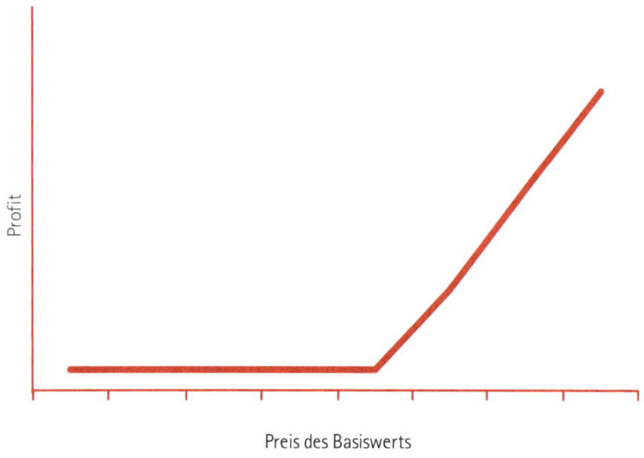

Schematisches Hockey-Stick-Diagramm, hier für Long Call

Holding: Eine Dachgesellschaft, deren Zweck der Erwerb und die Verwaltung von Geschäftsanteilen anderer Unternehmen ist. Eine Holding kann auch als eine Art Muttergesellschaft zur finanziellen Zusammenfassung der einzelnen Unternehmensteile gegründet werden. Meist wird als Sitz der Holding ein Land gewählt, das für die Besteuerung der Erträge oder der Vermögensteile der Firma besonders günstige Rahmenbedingungen bietet.

Home Banking: Abwicklung von Bank- und Geldgeschäften über das Internet von daheim aus. Mit dem Home Banking eröffnen Kreditinstitute ihren Kunden die Möglichkeit, Bankgeschäfte unabhängig von den Öffnungszeiten von zuhause aus zu erledigen. Dadurch ergeben sich für die Banken erhebliche Möglichkeiten zur Kostensenkung, wenn sie weniger Personal zur Betreuung ihrer Kunden einstellen müssen.

Horizontal Spread: Eine kombinierte Anlagestrategie durch gleichzeitigen Kauf und Verkauf von Optionen der gleichen Optionsklasse, aber mit unterschiedlichen Laufzeiten. Auch Calendar Spread oder Time Spread genannt.

Hostile Tender Offer: Feindliches Übernahmeangebot, das Angebot zum Erwerb von Aktien im Zuge einer feindlichen Übernahme. Siehe auch die Übersichtsgrafik Seite 20.

Hot Issue: Die überzeichnete Erstausgabe einer Anleihe oder einer Aktie, für die nach dem Börsengang hohe Kursaufschläge zu erwarten sind. Bei einer überzeichneten Erstausgabe ist beim ersten Verkauf eines Wertpapiers an einem organisierten Kapitalmarkt die Nachfrage größer als das Angebot an diesem Wertpapier.

Hot Stocks: Aktien oder auch Wertpapiere, denen man noch ein großes Potenzial zutraut, die also als besonders attraktiv angesehen werden.

HSI → Hang Seng Index

Hub and Spoke Fund → Master Feeder Fund

Human Resources: Die Personalabteilung eines Unternehmens. Aus dem Begriff wird ersichtlich, dass qualifizierte Fach- und Führungskräfte gleichsam als wertvolle, menschliche Ressourcen angesehen werden.

Hurdle Rate: Eine Vorgehensweise, bei der zuerst die Investoren einer Gesellschaft oder eines Fonds bei der Ausschüttung bedient werden, ehe die Reihe am Management oder an anderen Personen ist.

Hybrid Bond: Eine Mischform zwischen Eigen- und Fremdkapital. Sie gilt als nachrangige Anleihe mit oft unbegrenzter Laufzeit. Regelmäßig ist in den Anleihebedingungen ein vorzeitiges Kündigungsrecht des Emittenten vorgesehen.

Hype: Phase übertriebener Wertzuwächse (von Wertpapieren). Man bezeichnet solche Zeiten auch als Blasen oder Zeiten der Blasenbildung. Ein prägnantes Beispiel ist der Internet-Hype von 1997-2001.

Hypothetical Bonds: Auch „Notional Bond" genannte Art synthetischer Anleihen. Synthetische Anleihen sind gleichsam

Modellanleihen, die in der Realität nicht existent sind. Sie dienen nur als Vergleichswert oder Parameter für finanzmathematische Berechnungen. Durch ihre fiktive Ausstattung mit Festzins und konstanter Restlaufdauer finden sie als Referenzgut bei Futures auf Anleihen oder auch bei der Erstellung von Rentenindizes Anwendung.

IAS → International Accounting Standards

IATA → International Air Transport Association

IBRD → International Bank for Reconstruction and Development

ICC: Diese Abkürzung steht für: 1. die International Chamber of Commerce, die Internationale Handelskammer mit Sitz in Paris; 2. den International Criminal Court, den internationalen Strafgerichtshof in Den Haag; schließlich 3. die Institute Cargo Clauses, die vom Institute of London Underwriters herausgegebenen Versicherungsbedingungen und Klauseln für Transportversicherungsverträge.

ICE → IntercontinentalExchange

Iceberg Order: So bezeichnen die Börsen- und Derivatehändler es, wenn der wirkliche Umfang des Kauf- oder Verkaufsauftrages eines Großkunden für die anderen Teilnehmer am Kapitalmarkt nicht einsehbar ist. Stattdessen können die übrigen Marktteilnehmer nur von einem geringen Teil eines solchen Auftrags Kenntnis erlangen. So sehen die anderen Marktteilnehmer von einem solchen „Eisbergauftrag" gleichsam nur die Spitze, so wie der Ausguck auf einem

Schiff von einem im Meerwasser treibenden Eisberg nur den über die Wasserfläche ragenden Teil erkennen kann. Für bedeutende institutionelle Investoren haben Eisbergaufträge den Vorteil, dass sie starke Kursschwankungen im börslichen wie außerbörslichen Handel verhindern helfen.

ICMA → International Capital Market Association

ICSID (International Centre for Settlement of Investment Disputes): Weltweit tätiges Zentrum für die Beilegung von Streitigkeiten im Zusammenhang mit Kapitalanlagen, eine Organisation der Weltbank, die sich um die Schlichtung der bei Auslandsinvestitionen auftretenden Streitigkeiten zu kümmern hat. Siehe auch die Übersicht Seite 134.

IDA → International Development Association

Idle Funds: Brachliegende Finanzmittel. So können beispielsweise auf einem Sparbuch oder auf einem Girokonto liegende Finanzmittel, deren Verzinsung unter der Inflationsrate liegt, Idle Funds darstellen.

IEA → International Energy Agency

IFC → International Finance Corporation

IFRS → International Financial Reporting Standards

IG → Investment Grade

ILO → International Labour Organization

ILS → Insurance-Linked Securities

IMF → International Monetary Fund

Immediate or Cancel (IOC): Form eines begrenzten Auftrags zur Ausführung von Derivategeschäften an Terminbörsen. Ein IOC muss sofort (immediate) zum vorgegebenen Preis ausgeführt werden, soweit dies möglich ist. Der gegebenenfalls übriggebliebene, nicht ausgeführte Teil wird unmittelbar storniert (cancel).

IMO → International Maritime Organization

Inc. → Incorporated

Income Fund: Investmentfonds, der möglichst hohe Erträge erzielen soll und diese größtenteils ausschüttet.

Income Share: Ertragsstarke Aktien, die dem Inhaber gleichsam ein Einkommen sichern, also mit hohen und beständigen Dividenden einherzugehen pflegen.

Incorporated (Inc.): Eine in den USA mit staatlicher Erlaubnis gegründete Kapitalgesellschaft. In den meisten Fällen ist dies eine Aktiengesellschaft. Durch die Registrierung als Kapitalgesellschaft fällt es Unternehmen in den USA leichter, Eigenkapital einzuwerben. Denn Aktien gelten in den USA als hochgradig fungibel, d. h. jederzeit über einen organisierten Kapitalmarkt oder ein Kreditinstitut veräußerbar. Siehe auch die Übersicht Seite 151.

Incoterms (International Commercial Terms): Von der Internationalen Handelskammer ICC in Paris herausgegebene Vertragsbausteine, die verbindliche Lieferbedingungen festlegen. Eine Übersicht zu wichtigen Handelsklausen der Incoterms finden Sie auf Seite 61.

Independence Day: Der Unabhängigkeitstag der Vereinigten Staaten von Amerika, der traditionell am 4. Juli eines jeden Jahres gefeiert wird. An diesem Tag gedenken die Bürger der Vereinigten Staaten der Fertigstellung der Unabhängigkeitserklärung durch den kontinentalen Kongress am 4. Juli 1776, mit der die 13 ehedem britischen Kolonien erstmalig als Einheit und als Staatsgebilde auftraten.

Index Funds: Investmentfonds, die mit ihrem Portfolio genau die Struktur eines bestimmten Kapitalmarkt-Index wiedergeben. So spiegeln etwa Indexfonds auf den Dax genau dessen wertmäßige Zusammensetzung wider.

Index-linked Bonds: Anleihen, deren Tilgung oder laufende Bedienung in Gestalt von Zinszahlungen an die Entwicklung eines vorher festgelegten Index gekoppelt ist.

Inflation Bonds: Anleihen, die einen automatischen Schutzmechanismus gegen Inflation haben, indem sie einer Indexierung unterliegen. Das bedeutet, dass die Verzinsung dieses Wertpapiers steigt, wenn die Inflationsrate eine bestimmte Grenzmarke überschreitet.

Initial Public Offering (IPO): Der erste öffentliche Verkauf von Wertpapieren und damit ein synonymer Begriff für einen Börsengang.

Insider: Personen, die Kenntnis von Interna eines Unternehmens erlangt haben, deren Bekanntwerden den Börsenkurs der Wertpapiere dieses Unternehmens merklich beeinflussen würde. Insider können eine Position in einer Firma haben (Vorstand, Aufsichtsräte), sie können Dienstleister für das

Unternehmen sein (Journalisten, Steuerberater, Wirtschaftsprüfer) oder sie können aufgrund eines guten Kontaktes zu einer der beiden erstgenannten Gruppen von Personen über diese Informationen verfügen. International wird die missbräuchliche Nutzung von Insider-Informationen von allen großen Industriestaaten sanktioniert, um einen fairen Handel an den Kapitalmärkten sicherzustellen. In Deutschland werden der Insiderhandel und seine Sanktionen in § 14 ff. WpHG behandelt.

Insourcing: Im Bankwesen die Wiedereingliederung zuvor ausgelagerter Unternehmensbereiche in den ursprünglichen Bankbetrieb. Gegenstück: Outsourcing.

Institutional Investor: Ein Kapitalanleger, bei dem man Fachkunde und die Fähigkeit, Risiken einzuschätzen, voraussetzen darf. Zu den institutionellen Investoren zählen Banken, Versicherungen, Investment- und Hedgefonds sowie Stiftungen.

Insurance-Linked Securities (ILS): Wertpapiere, mit denen Rückversicherungsgesellschaften über den Weg der Verbriefung Geschäftsrisiken an risikofreudige Kapitalanleger weiterreichen. Im Gegenzug werden die Kapitalanleger durch eine angemessene Vergütung auch am Geschäft der Rückversicherungsgesellschaften beteiligt.

Intangible Asset: Vermögenswerte, die keine fassbare Gestalt aufweisen, vielmehr rechtlich abgesichertes geistiges Eigentum verbriefen. Als solche wären zum Beispiel Marken- oder Patentrechte zu erwähnen.

Interbank Rate: Der Zinssatz, zu dem sich gut gestellte Kreditinstitute untereinander Darlehen gewähren. Als Maßstab für die Gewährung von Darlehen zwischen Banken werden regelmäßig der LIBOR (London Interbank Offered Rate) und der EURIBOR (European Interbank Offered Rate) herangezogen. Für weitere Interbank Rates siehe die Tabelle Seite 86.

IntercontinentalExchange (ICE): Ein besonders großer Börsenbetreiber mit Sitz in Atlanta in den USA, der auf den elektronischen Handel mit Derivaten und auf das Emissionsgeschäft spezialisiert ist. Die ICE wurde im Jahre 2000 gegründet und versucht gegenwärtig in Kooperation mit der Computerbörse NASDAQ, ihren Einfluss auf den weltweiten Handel mit Wertpapieren massiv auszubauen. So hat sie unter anderem den Versuch unternommen, den Zusammenschluss der NYSE mit der Euronext zu vereiteln und sich selbst die NYSE anzueignen. Dies ist ihr bislang jedoch nicht gelungen.

Interim Report: Der gewöhnliche oder außerordentliche Zwischenbericht eines Unternehmens über seine Geschäftstätigkeiten.

International Accounting Standards (IAS): Zusammenfassung weltweit anzuwendender Vorschriften zur Rechnungslegung gemäß der International Financial Reporting Standards dar. Der IAS ist ein zur weltumspannenden Anwendung ersonnenes Regelwerk für den Jahresabschluss von Kreditinstituten und ähnlichen Finanzinstitutionen. Gemäß seiner Vorschriften muss der Abschluss eines jeden abschlusspflichtigen Unternehmens eine Bilanz, eine Gewinn- und

Verlustrechnung, eine Aufstellung über Veränderungen beim Eigenkapital, eine Kapitalflussrechnung sowie einen Anhang umfassen.

International Air Transport Association (IATA): Als große Dachgesellschaft das Aushängeschild und der Fürsprecher des Güter und Fluggäste befördernden Zweigs der Luftfahrtbranche. Sie zählt über 200 Fluggesellschaften zu ihren Mitgliedern. Die Vereinigung entstand im Frühjahr 1945 in Kubas Hauptstadt Havanna und hat gegenwärtig ihren Sitz in der Landeshauptstadt der kanadischen Provinz Quebec, Montreal.

International Bank for Reconstruction and Development (IBRD): Internationales Kreditinstitut für Wiederaufbau und Entwicklung, die Weltbank im engeren Sinne. Nach den Beschlüssen der Bretton-Woods-Konferenz von 1944 gegründet, Sitz ist Washington. Ursprüngliche Aufgabe der Weltbank war die Finanzierung des Wiederaufbaus der im 2. Weltkrieg zerstörten Gebiete. Mittlerweile gehören der Weltbank beinahe 200 Staaten an und sie bündelt ihre Tätigkeit vorwiegend in den Entwicklungsländern.

Ausgewählte Einrichtungen der Weltbank

International Capital Market Association (ICMA): Ein 2005 in Zürich gegründeter und weltweit tätiger Verband der Kapitalmarktteilnehmer. Die Mitglieder des Verbands setzen sich größtenteils aus Banken und Finanzdienstleistern zusammen. Zweck des Verbandes ist die Selbstkontrolle der Kapitalmarktteilnehmer.

International Development Association (IDA): Zur Weltbank gehörende Gesellschaft für weltweite Entwicklungspolitik. Sie kümmert sich vorrangig um die ärmeren Entwicklungsländer und gewährt diesen besonders zinsgünstige Kredite. Siehe auch die Übersicht Seite 134.

International Energy Agency (IEA): Die in Paris ansässige internationale Energieagentur. Ihr obliegen zwei wichtige Aufgaben. Einerseits verfügt sie über strategische Ölreserven, mit denen sie starke Preisausschläge auf dem Markt für Erdöl abfedern kann. Andererseits ist sie eine Koordinierungsstelle für die Erforschung, Erprobung und Einführung neuer Technologien zur Energieerzeugung und Energieeinsparung.

International Finance Corporation (IFC): Ein Teil der Weltbank, der durch Gaben von Darlehen und Beteiligungen die Privatwirtschaft in Entwicklungsländern fördern soll. Siehe auch die Übersicht Seite 134.

International Financial Reporting Standards (IFRS): Weltweit anerkannte Rechnungslegungsvorschriften. Sie sollen ein Grundgerüst zur Erstellung international vergleichbarer Jahres- und Konzernabschlüsse schaffen und gewinnen zunehmend an Bedeutung.

International Labour Organization (ILO): Internationale Organisation für Arbeit, eine Sonderorganisation der Vereinten Nationen. Sie wurde 1919 gegründet und hat ihren Sitz in der Schweizer Stadt Genf. Zu den Hauptaufgaben der ILO gehört der Kampf für menschenwürdige Arbeitsbedingungen und gegen die Ausbeutung von Arbeitskräften, insbesondere Kindern. In diesem Zusammenhang erstellt die ILO weltweit gültige Arbeits- und Sozialnormen.

International Maritime Organization (IMO): Diese auch als internationale Schifffahrtorganisation bezeichnete Gesellschaft stellt eine Köperschaft der Vereinten Nationen (UN) dar und hat gegenwärtig ihren Sitz in Großbritanniens Hauptstadt London. Sie nahm 1958 auf der Grundlage einer im Jahr 1948 von 35 Ländern beschlossenen Vereinbarung ihre Arbeit auf. Der Schwerpunkt ihrer Tätigkeit liegt in der Verbesserung und Abstimmung weltweit gültiger Standards, die die Sicherheit der weltweiten Seefahrt in gegenseiter Abstimmung verbessern sollen. Beispielsweise treibt die IMO den Aufbau eines die ganze Welt abdeckenden und auf Satellitenüberwachung beruhenden Systems voran, das die rasche Ortung von in Seenot geratenen Schiffen gestattet.

International Monetary Fund (IMF): Im deutschen Sprachraum auch als Internationaler Währungsfonds bezeichnet. Der IWF ist wie die Weltbank ein Kind der Konferenz von Bretton Woods. Er hat die Aufgabe, jedem seiner 187 Mitglieder, wenn es in Zahlungsschwierigkeiten gerät, mit finanziellen Hilfen und fachlichem Rat beizustehen, bis die Solvenz des betreffenden Staates wieder gewährleistet ist oder eine Umschuldung angebahnt wurde. Außerdem obliegt es dem IWF, den nachhaltigen ökonomischen Fortschritt in Entwicklungsländern voranzutreiben.

International Primary Market Association (IPMA): Weltweit tätige Gesellschaft zur Förderung des primären Wertpapiermarktes. Diese Gesellschaft stellt einen Abkömmling der ICMA (International Capital Market Association, Vereinigung der weltweiten Kapitalmärkte) dar. Als Vereinigung der bekanntesten Wertpapierhäuser und Banken aus Europa, Asien und den Vereinigten Staaten setzt sich die IPMA für eine Erhöhung der Transparenz und der Handelsbedingungen an allen Primärmärkten der Welt ein. Als Primärmärkte gelten solche Kapitalmärkte, an denen die erstmalige Markteinführung von Aktien oder auch Anleihen erfolgt.

International Revenue Service (IRS): Eine im Jahr 1913 eingerichtete amerikanische Behörde, der die Aufgabe obliegt, bundesstaatliche Steuern zu erheben und einzutreiben. Sie ist als Bundeseinrichtung dem Finanzministerium der Vereinigten Staaten unterstellt und beschäftigt ungefähr 100.000 Mitarbeiter. Ihre Zentrale befindet sich wie der Sitz des amerikanischen Finanzministeriums in Washington, D. C.

International Securities Identification Number (ISIN): International anerkannte Wertpapier-Kennnummer. Mit ihr können zu kaufende bzw. zu verkaufende Wertpapiere weltweit einheitlich zugeordnet werden, ohne dass durch Sprachbarrieren Missverständnisse auftauchen könnten.

International Swaps and Derivates Association (ISDA): Internationale Interessenvertretung für alle Marktteilnehmer, die am Derivatehandel beteiligt sind. Der Sitz der Gesellschaft befindet sich gegenwärtig in New York.

In the Money: Bezeichnet eine Option, bei der der gegenwärtige Marktwert des Bezugs- oder Basisobjektes (der Vermögensgegenstand, auf den sich die Option bezieht, beispielsweise ein Aktie) höher ist als der Ausübungspreis der Option. → At the Money → Out of the Money.

Intrapreneurship: Die Haltung, dass Angestellte eines Unternehmens sich im Geschäftsleben so verhalten sollen, als wären sie nicht Angestellte, sondern Unternehmer (von lateinisch „intra" = innerhalb, englisch „entrepreneurship" = Unternehmertum). Man kann diese Geisteshaltung auch als unternehmerisches Denken bezeichnen. Es wird vor allem dort gefordert, wo sich Unternehmensteile oder Startups eines Konzerns nach einer bestimmten Zeit selber tragen sollen.

Investment Banking: Im amerikanischen Trennbankensystem diejenige Sparte des Bankensektors, der die Wertpapieremission und die Entwicklung neuer Finanzmarktprodukte obliegt. Durch eine Welle der Verbriefung von Kreditforderungen (Securization) hat das Investment Banking einen starken Aufschwung genommen, der aber wiederholt durch die Wirtschaftskrisen der letzten Jahre unterbrochen wurde.

Investment Funds: Diese auch Investmentfonds genannten Kapitalsammelstellen legen das Geld zahlreicher Anleger nach dem Grundsatz der Risikostreuung fachkundig an. In Deutschland unterliegen Investmentfonds oder Kapitalanlagegesellschaften der Finanzaufsicht der BaFin (Bundesanstalt für Finanzdienstleistungsaufsicht), so dass deren Management eine Qualifikation nachweisen muss, die der von Bankvorständen entspricht.

Investment Grade (IG): Ausdruck dafür, wenn eine Anleihe oder ein Wertpapier eine bestimmte Mindestnote im Rating besitzt. Nur solche Wertpapiere, die von den Ratingagenturen eine Benotung von mindestens BBB erhalten haben, dürfen das Prädikat des Investment Grade führen; womit sie als Anlageobjekte für institutionelle Investoren geeignet sind. Siehe auch die Tabelle Seite 193.

Investor Relations: Alle Aktionen, die ein Unternehmen tätigt, um zu seinen gegenwärtigen und seinen zukünftigen Aktionären ein möglichst enges Band zu knüpfen. Dazu gehört die Publikation von Informationen über das Unternehmen in den Nachrichten, in Zeitungen und Fachzeitschriften sowie im Internet. Unternehmensnachrichten können Jahres- oder Halbjahresabschlüsse, Ad-hoc-Meldungen, Beschlüsse des Vorstands, des Aufsichtsrates oder Interviews im Fernsehen oder den Printmedien sein.

IOC → Immediate or Cancel

IPMA → International Primary Market Association

IPO → Initial Public Offering

IRS → Internal Revenue Service

ISDA → International Swaps and Derivates Association

ISIN → International Securities Identification Number

Islamic Banking: Finanzdienstleistungen, die im Einklang mit den Vorschriften des Islam stehen. Es dürfen keine Geschäfte sein, die mit der Nutzung oder der Bearbeitung von Schweinefleisch oder der Produktion oder der Verteilung von Alkohol zu tun haben. Zudem ist es verboten, für die Gabe von Kapital Zins zu nehmen.

January Effect: Die Erscheinung, dass Aktien im Monat Januar oft überdurchschnittlich hohe Wertsteigerungen erzielen. Eine nachvollziehbare Erklärung dafür gibt es bislang noch nicht.

Jekyll and Hyde: In dem berühmten Roman „Der seltsame Fall des Dr. Jekyll und Mr. Hyde" geht es um einen Arzt, der sich im Zuge gewagter medizinischer Versuche in zwei Persönlichkeiten aufspaltet. Auf der einen Seite handelt der fürsorgliche, um seine Patienten bemühte Arzt; auf der anderen Seite tobt sich der grausame Menschenquäler als Mr. Hyde aus. Der Vergleich Jekyll and Hyde wird im angloamerikanischen Raum auch gerne für Führungskräfte oder einflussreiche Personen aus der Bank- und Börsenwelt benutzt, die einerseits Wohltätigkeitsorganisationen fördern, aber andererseits Konkurrenten ruinieren oder Währungssysteme destabilisieren.

Jobber: Wertpapiermakler an der Londoner Börse, die Börsengeschäfte auf eigene Rechnung und im eigenen Namen lediglich mit anderen Börsenhändlern tätigen, nicht jedoch mit Privatkunden.

Job Evaluation: Verfahren, mit denen Arbeitnehmer hinsichtlich der Zufriedenheit mit ihrer Tätigkeit befragt werden. Solche Befragungen sind wichtig, um herauszufinden, welche Faktoren zur Zunahme von Unzufriedenheit bzw. Wohlbefinden bei der Arbeit führen. Mit diesen Erkenntnissen können Arbeits- und Organisationspsychologen die Arbeitsbedingungen spürbar verbessern.

Job Hopping: Springen von einem Beschäftigungsverhältnis ins nächste im Sinne des zunehmenden Arbeitsplatzwechsels von Arbeitnehmern. Es gibt vielfältige Ursachen für dieses Phänomen. So hat möglicherweise die berufliche Flexibilität von Beschäftigten zugenommen. Aber auch die Aktivität von

Personalberatern, die Arbeitnehmer abwerben, trägt zu dieser Erscheinung viel bei.

Job Killer: Etwas, was die Zerstörung von Arbeitsplätzen nach sich zieht. Dies kann beispielsweise eine Maschine oder ein System zur Rationalisierung sein.

Jobless Growth: Wachstum ohne Zunahme der Beschäftigung, also der Zustand, wenn Wirtschaftswachstum keine Erhöhung des Angebots an Arbeitsplätzen nach sich zieht.

Job Sharing: Die Aufteilung eines Arbeitsplatzes oder einer bestimmten Aufgabe unter zwei oder mehr Beschäftigten.

Joint Venture: Ein Gemeinschaftsunternehmen, das sich aus mindestens zwei verschiedenen Firmen zusammensetzt. Die beteiligten Unternehmen haben üblicherweise ihren Sitz nicht in dem Land, in dem sich der Sitz des Joint Ventures befindet. Allerdings gibt es auch solche, wo eine dem Ausland entstammende Firma eine Verbindung mit einem einheimischen Unternehmen eingeht, da dies aus steuerrechtlichen oder anderen rechtlichen Erwägungen geboten erscheint. Beispiele dafür sind Joint Ventures in China oder bestimmten afrikanischen Ländern, die die Einbindung eines einheimischen Unternehmens zwingend fordern.

Journalist's Privilege: Das im Fall von Deutschland in § 34b WpHG festgelegte Journalisten-Privileg sieht vor, dass Fachjournalisten von der Überwachung so wie Finanzanalysten ausgenommen werden, wenn sie einer entsprechenden beruflichen Selbstkontrolle unterliegen. Allerdings hat die Bundesanstalt für Finanzdienstleistungsaufsicht dennoch die Befugnis, bei berechtigten Beschwerden Nachforschungen anzustellen.

JPMorgan Chase & Co.: Eine der bedeutendsten Banken der USA. Laut Forbes-Global-2000-Liste war sie im Jahr 2010 die weltweit größte Bank. Mit ca. 230.000 Mitarbeitern erwirtschaftete dieses Kreditinstitut 2008 einen Umsatz von ca. 67 Mrd. USD. Als Chemical Bank of New York nahm sie 1824 ihren Geschäftsbetrieb auf. Nachdem sie 1996 die Chase Manhattan Corporation und im Jahr 2000 die J. P. Morgan & Co. übernommen hatte, erhielt sie ihren heutigen Firmennamen.

Jumbo Bonds: In Anlehnung an das Wort für Großflugzeuge gelten diese als Anleihen mit einem Emissionsvolumen von 500 Mio. EUR oder USD aufwärts. Derartig hohe Emissionen erfreuen sich einer eingehenden Marktpflege und zuverlässigen Preisstellungen, was sie besonders begehrenswert macht.

Junk Bonds: Anleihen, die wegen ihrer besonders schlechten Bonität auch Ramsch-Anleihen genannt werden. Ihr Rating liegt bei BB oder sogar noch darunter. Oft werden oder wurden diese Art Anleihen begeben, um für riskante Projekte oder stark risikobehaftete Unternehmen Kapital anzuwerben. So wurden viele Übernahmen in den 80er Jahren mit Junk Bonds finanziert. Als Ausgleich für das höhere Risiko bieten diese Anleihen jedoch eine ansehnliche Verzinsung. Das Wort Junk stammt ursprünglich aus der britischen Schifffahrt, wo man ein unbrauchbar gewordenes Tau „junk" nannte. Der amerikanische Fernsehsender CNN finanzierte sich in seinen Anfangs- jahren übrigens durch Junk Bonds.

KAM → Key Account Manager

Kangaroo Court: Ursprünglich ein Femegericht. Der Ausdruck stammt noch aus einer Zeit, als Australien von Sträflingen besiedelt wurde, die Streitigkeiten untereinander mit Hilfe von Femegerichten regelten. In der Wirtschaftssprache unserer Zeit heißen Gewerkschaftsversammlungen, die beispielsweise über Streikmaßnahmen abstimmen, Kangaroo Courts.

KDB → Korea Development Bank

Key Account Manager (KAM): Eine Fach- oder Führungskraft, deren Aufgabe es ist, strategisch wichtige Kunden (sogenannte Schlüsselkunden) für ein Unternehmen im Finanzbereich zu gewinnen oder die Kundenbeziehungen mit solchen weiter auszubauen.

Kickback: Eine Art der Bestechungs- oder Schmiergeldzahlung, auch als Rückgeld bezeichnet. Dabei wird das Opfer, beispielsweise das geschädigte Unternehmen, mit überhöhten Rechnungen oder Provisionen belastet, die dann teilweise vom Korruptionsgeber an den Korruptionsnehmer zurückfließen. Anscheinend ist der Ausdruck dem Fußball oder American Football entlehnt und bezeichnet das Zurücktreten des Balles.

Kickers: Gewöhnliche Formen der Kapitalanlage wie Anleihen oder Aktien, die mit besonderen Zugaben gewürzt werden. Solche Zugaben können Rückprämien auf Anleihen oder variable Dividenden auf Vorzugsaktien sein. Der Begriff Kicker entstammt dem Pokerspiel, in dem ein Kicker als Zusatzkarte die wertvollste Karte darstellt, die neben einem Paar eingesetzt werden kann.

Kickoff Meeting: Ursprünglich die letzte Unterredung des Coaches beim American Football mit seinem Team vor dem Anpfiff. In der Wirtschaft gibt es das Kickoff Meeting vor Beginn eines wichtigen Projekts, in der Finanzsprache ist es die letzte Unterredung vor einer Emission oder einem Börsengang.

Kiddie Tax: Eine von der amerikanischen Bundesregierung eingerichtete Steuer, die in den USA auf das jährliche Einkommen von Kindern unter 14 Jahren aus Kapitalanlage-Geschäften erhoben wird. Dieses Einkommen wird mit dem Steuersatz der Eltern belastet, um der Verlagerung von Teilen des Einkommens der Eltern auf die Kinder vorzubeugen. Allerdings gilt für die Kiddie Tax aktuell eine Freigrenze von 1900 USD im Jahr. Die Vorschriften für diese Art von Steuer finden sich unter §1 (g) des Internal Revenue Code.

Kidnap and Ransom Insurance (K&R): Eine Versicherung, die Geschäftsreisende oder im Ausland tätige Mitarbeiter von Firmen und deren Familien gegen das Risiko von Entführungen und Erpressungen absichert. Diese Art der Versicherung wird im angloamerikanischen Raum schon seit Jahrzehnten angeboten, in Deutschland aber erst seit einigen Jahren. Schließlich nahm in Deutschland die Finanzaufsicht lange an, dass durch den Abschluss solcher Versicherungen die Zahl der Entführungen und Erpressungen steigen würde. Aber nicht nur in Lateinamerika, sondern auch in Afrika und Asien steigen die Bedrohungen für Geschäftsreisende, im Ausland tätige Mitarbeiter von Firmen und deren Familienangehörige. Daher ist der Abschluss solch einer K&R-Versicherung eine gute Vorsichtsmaßnahme, denn solche Assekuranzen leisten im Versicherungsfall nicht nur finanzielle Unterstützung, sondern stellen den Betroffenen auch ein erfahrenes Krisenmanagement zur Seite. Der breiten Öffentlichkeit wird die Wichtigkeit eines solchen Versicherungsschutzes durch die Zunahme der Angriffe von Piraten auf die weltweite Schifffahrt zunehmend bewusst.

Kill: Das Stoppen eines Handels, noch bevor dieser Handel bestätigt worden ist.

Killer Bee: Auf dem Feld der Mergers and Akquisitions ein Verbündeter eines übernahmebedrohten Unternehmens, der die Firma durch bestimmte Maßnahmen vor einer Übernahme schützt oder die Übernahme für ein angreifendes Unternehmen erheblich erschwert. Killer Bees sind in der Regel Investmentbanken. So kann eine Abwehrmaßnahme einer solcher „Killerbiene" darin bestehen, dass sie dem bedrohten Unternehmen hilft, eine Anleihe auszugeben, die im Falle einer feindlichen Übernahme unter hohen Kosten wieder zurückgekauft werden müsste. Siehe auch die Übersicht Seite 247.

Kiwi Bonds: Auf neuseeländische Dollar lautende Anleihen, die nur für in Neuseeland ansässige natürliche oder juristische Personen erhältlich sind.

Knock-out Feature: Eine Vertragsbedingung in Cash or Share Certificates. Diese sieht vor, dass das Tilgungsoptionsrecht eines Emittenten auf Zahlung einer gewissen Summe oder Lieferung von Titeln hinfällig wird, wenn der Kurs des Basisobjekts während eines bestimmten Zeitraums einen festgelegten Wert übersteigt.

Knock-out Options: Zu den sogenannten exotischen Optionsscheinvarianten gehörende Call- oder Put-Optionsscheine, die im Gegensatz zu ihren klassischen Pendants nicht erst am Ende der jeweiligen Laufzeit erlöschen, sondern gegebenenfalls schon vor Ende der Laufzeit.

Know Your Customer (KYC): Die Anforderung an jeden Kunden- oder Wertpapierberater sowie Wertpapierhändler, dass er einem Kunden nur solche Produkte empfehlen und verkaufen darf, die dessen Kenntnisstand und dessen Risiko-Profil entsprechen.

Korea Development Bank (KDB): Koreanische Entwicklungsbank. Die Absage der KDB an den Chef von Lehman Brothers, Richard Fuld, bei der angeschlagenen Investment-Bank einzusteigen, war gleichsam ein Menetekel, der dem Untergang von Lehmann Brothers vorausging.

K&R → Kidnap and Ransom Insurance

Krugerrand: Eine in Deutschland auch Krügerrand genannte, von Südafrika herausgegebene Goldmünze mit einer rötlich goldenen Farbe. Sie ist als Anlagemünze lediglich in dem Edelmetall Gold erhältlich und gilt in Südafrika auch als gesetzliches Zahlungsmittel. Ihre Bezeichnung leitet sich vom südafrikanischen Politiker Paul Krüger (1825-1904) her, 1882 bis 1902 Präsident von Südafrika.

KYC → Know Your Customer

Laddering: Eine Anlagestrategie, die eine Absicherung gegen Zinsänderungsrisiken betreibt, indem sie festverzinsliche Wertpapiere mit verschiedenen Fälligkeitsfristen in den Anlagekorb einbringt.

Lady Macbeth Strategy: Vorgehensweise auf dem Feld der Übernahmen und Fusionen. In Anlehnung an die von William Shakespeare erdachte Lady Macbeth, die ihre schlechten Absichten mit Liebreiz und Freundlichkeit maskierte, kennzeichnet diese Taktik einen raffinierten Helfershelfer eines Übernahmegeiers. So gibt sich dieser Helfershelfer als weißer Ritter aus, der vortäuscht, ein von einer feindlichen Übernahme bedrohtes Unternehmen vor einem Übernahmegeier zu retten. Sobald der Helfershelfer aber Unternehmensanteile an dem angegriffenen Unternehmen erworben hat, wechselt er auf die Seite des Übernahmegeiers und erleichtert so die feindliche Übernahme.

Lagging: Im Währungsgeschäft das absichtliche Hinausschieben von Zahlungsverpflichtungen in der berechtigten Hoffnung auf in der Zukunft fallende Wechselkurse.

Large-Caps: Unternehmen mit einer Marktkapitalisierung von über 2 Mrd. EUR oder USD. Eine Übersichtsgrafik zu den Unternehmensklassen finden Sie auf der Seite 210.

LaSalle Street: Der Finanzdistrikt Chicagos, Pendant zur berühmteren New Yorker Wall Street.

Later Stage Financing: Die Finanzierung kleiner oder mittlerer Unternehmen in späteren Phasen ihrer Entwicklung. Beweggründe können Übernahmen (Mergers oder Takeovers), Überbrückungen (Bridge Financing) oder Erweiterungsfinanzierungen (Expansions) sein.

Late Trading: Die Möglichkeit institutioneller Kapitalanleger in den USA, nach Handelsabschluss Wertpapiergeschäfte zum letzten Kurs zu tätigen, der für dieses Wertpapier amtlich festgestellt worden war.

LBO → Leveraged Buyout

Leading: Im Währungsgeschäft die Erledigung von Zahlungsverpflichtungen vor deren Fälligkeit in der berechtigten Hoffnung auf ansteigende Wechselkurse in der Zukunft.

Lead Manager: Banken, die einem wie auch immer gearteten Konsortium vorstehen. Grundsätzlich obliegt ihnen die Ausgestaltung der Vertragsbedingungen für die Emission von Wertpapieren. Zudem tragen sie das Haftungsrisiko und die Verantwortung für die Erstellung des Börsenzulassungsprospektes in Zusammenarbeit mit Wirtschaftsprüfern und Juristen.

Leaseback → Sale-and-Leaseback

Leasing: Die Vermietung eines greifbaren oder eines ideellen Gutes gegen eine Vergütung. Je nach Ausgestaltung des Vertrages kann Leasing einem Mietvertrag oder auch einem Mietkaufvertrag entsprechen. So unterscheidet sich die amerikanische Form des Leasings sehr stark von der europäischen

Variante des Leasings. Während die europäische Form des Leasings dem konventionellen Mietvertrag sehr nahe kommt, handelt es sich bei der amerikanischen Variante des Leasings eher um einen Kaufvertrag, bei dem der Kaufpreis in Raten abgetragen wird. Man könnte darum das amerikanische Leasing auch als Mietkauf bezeichnen.

Legal Investment: Eine sogenannte mündelsichere Anlage, wie etwa das Investment in Staatsanleihen. Ihr Sinn ist es, das Geld eines Mündels nur einem minimalen Risiko auszusetzen.

Lender of Last Resort: Die einer Zentralbank in bestimmten Situationen zukommende Aufgabe, Kredite auszureichen, wenn sonst gefährliche ökonomische Krisenszenarien drohen. Amerikanische Nationalökonomen nennen die FED auch gerne ihren Lender of Last Resort („Kreditgeber der letzten Zuflucht").

Letter of Intent (LOI): Ein Papier, mit dem Geschäftsleute ihre Absicht schriftlich festhalten, mit einem anderen Unternehmen eine Geschäftsbeziehung aufzunehmen. Allgemein ist ein LOI rechtlich nicht verbindlich und hat eher eine psychologische Funktion.

Letter Stock: In den Vereinigten Staaten solche Aktien, die bisher noch nicht in den ordentlichen Handel an einem nordamerikanischen Kapitalmarkt eingeführt worden sind.

Level 3 Securities: In der Bankensprache besonders schwer oder unmöglich zu liquidierende Anlagen, die nicht zum Marktpreis bewertet werden dürfen. Diese Vermögenswerte müssen daher nach dem kaufmännischen Vorsichtsprinzip mit null oder einem sehr geringen Schätzwert angesetzt werden.

Leveraged Buyout (LBO): Eine Form des mit Fremdkapital bewerkstelligten Aufkaufs eines Unternehmens durch oder mit der Hilfe institutioneller Kapitalanleger. Dabei werden Zins und Tilgung für die zum Unternehemenserwerb erforderlichen Kredite aus dem Vermögen und den Erträgen der aufgekauften Firma gespeist. In der Vergangenheit wurden solche Übernahmen oft durch die Ausgabe hochverzinslicher Anleihen finanziert. Da in einigen Fällen Unternehmen durch diese Form der Finanzierung gleichsam ausgeblutet wurden, entstand die von Private Equity Fonds gefürchtete Vokabel der Heuschrecke. Synonyme Begriffe: Highly Leveraged Transaction (HLT), Bootstrap Transaction.

Leverage Effect: Bezeichnet die „Hebelwirkung" des verstärkten Einsatzes von Fremdkapital auf die Eigenkapitalrentabilität. Die Theorie des Leverage Effektes besagt: Je mehr Fremdkapital eingesetzt wird, desto stärker steigt die Rendite des eingesetzten Eigenkapitals.

LIBOR (London Interbank Offered Rate): Das Londoner Pendant zum EURIBOR. Siehe auch → Interbank Rate.

LIBOR Flat: Der gewöhnliche LIBOR im Gegensatz zu solchen Arten, die mit einem Risikozuschlag versehen sind.

LIFFE (London International Financial Futures Exchange): Internationaler Kapitalmarkt für Derivate in London. Durch den Zusammenschluss der Euronext-Gruppe mit der NYSE avancierte die britische Terminbörse LIFFE zur führenden internationalen Derivatebörse innerhalb der NYSE-Euronext-Gruppe.

Limit: Der Kurswert, der bei Kauf oder Verkauf von Wertpapieren nicht über- bzw. unterschritten werden darf.

Limited Company (Ltd.): Gesellschaft mit beschränkter Haftung in Großbritannien und Nordirland. Stets mit Eintrag ins Handelsregister, anders als etwa in den USA, wo vor allem Aktiengesellschaften im Handelsregister vermerkt werden.

Die britischen und US-amerikanischen Pendants zur GmbH und AG		
Land	Ohne Aktien	Aktienunternehmen
Deutschland	GmbH	AG
UK	Ltd.	LLC
USA	PLC	Inc.

Limited Liability: Dieser Ausdruck steht für den Begriff der begrenzten Haftung und wird meist im Zusammenhang mit Gesellschaften mit begrenzter Haftung aus dem angloamerikanischen Rechtskreis verwendet. Siehe → Limited Liability Company.

Limited Liability Company (LLC): Die amerikanische Form der Gesellschaft mit begrenzter Haftung. Im Gegensatz zu England müssen solche Gesellschaften mit begrenzter Haftung in den USA nicht unbedingt ins Handelsregister eingetragen werden. Zudem bedarf ihre Einrichtung in den USA keiner behördlichen Duldung, wie es nicht selten bei amerikanischen Aktiengesellschaften üblich ist. Im Vergleich zur britischen Ltd. kann diese Gesellschaft auch mit geringem Aufwand in eine Personengesellschaft umgewandelt werden, bei der einer oder mehrere Teilnehmer persönlich haften. Siehe auch die Übersicht Seite 151.

Lion States: In Entsprechung zu den „Tigerstaaten" Asiens heißen die wachstumsträchtigen und oft auch an Rohstoffen reichen Länder Afrikas „Löwenstaaten". Im engeren Sinn zählen dazu die südlich der Sahara gelegenen Länder Nigeria, Ghana und Südafrika. Als Löwenstaaten im weiteren Sinne sind aber auch Libyen, Ägypten, Algerien, Marokko, Botswana, Mauritius und Tunesien anzusehen.

Liquid: Flüssig oder liquide zu sein bezeichnet den Zustand eines Unternehmens oder einer Privatperson, zeitnah Verbindlichkeiten bedienen zu können. Diese Redeweise stammt noch aus der Zeit der Feudalherrschaft, als weltliche oder geistliche Herren ihre Untergebenen nicht nur mit Geld, sondern auch in Form alkoholischer Getränke wie Wein, Bier oder Whiskey zu entlohnen pflegten. Da diese alkoholhaltigen Getränke weiterverkauft werden konnten, bedeutete ihr Besitz, zahlungsfähig zu sein.

Listing: Der Handel eines Wertpapiers – zumeist eine Aktie – an einem organisierten Kapitalmarkt. Wenn ein Wertpapier kein Listing aufweist, dann muss der Handel außerbörslich abgewickelt werden, was mit der Gefahr mangelnder Transparenz und starker Kursschwankungen verbunden sein kann.

Das Gegenteil von Listing ist das Delisting, also die Beendigung des Handels eines Wertpapiers an einem organisierten Kapitalmarkt.

Living Deads: In der Sprache der Venture Capitalists solche Firmen, die nicht erfolgreich sind, sich aber nur unter großem Aufwand auflösen lassen. Sie werden von den Risikokapitalgebern als Nieten betrachtet und haben daher ihre Bezeichnung als „lebende Tote" erhalten.

LLC → Limited Liability Company

Loan Shark → Credit Shark

Lobbying: Die Beeinflussung politischer Entscheidungsträger durch die Vertreter von Interessengruppen. Der Ausdruck Lobbying entstand, weil die Vertreter der Interessengruppen in früheren Zeiten den Abgeordneten des amerikanischen Parlaments im Vorraum – der Lobby – des Parlamentsgebäudes ihre Aufwartung zu machen pflegten. Dort versuchten sie, die Delegierten in ihrem Sinne einzunehmen. Schon im Mittelalter gab es das gleichbedeutende lateinische Wort „Ante-Camera".

Lockout: Die Aussperrung von streikenden Arbeitnehmern als Gegenmaßnahme der Arbeitgeber. Das Wort gehört somit zum Sprachschatz der Tarifparteien in einem Arbeitskampf. Einerseits soll mit einem Lockout verhindert werden, dass Streikende den Betriebsablauf stören oder andere Werktätige zum Streik aufwiegeln. Andererseits sollen Streikende durch diese Gegenmaßnahme soweit entmutigt werden, dass sie ihren Streik abbrechen.

Lock-up Period: Eine sogenannte Sperrfrist, in der Kapitalanleger keine Wertpapiere verkaufen dürfen. Dies geschieht aufgrund der Vorschriften eines Kapitalmarktes, eines Wertpapieroptionsvertrages oder eines Gesetzes. Eine Lock-up Period kann den Glauben des Managements an eine langfristig erfolgreiche Entwicklung des Unternehmens dokumentieren oder der Verhinderung von Wettbewerbsverzerrungen dienen.

LOI → Letter of Intent

London Stock Exchange (LSE): Die Börse in London sowie auch London als Kapitalmarktplatz.

Long Position → Going long

Longterm Buy: In der Umgangssprache der Finanzanalysten eine Bezeichnung dafür, dass ein bestimmtes Wertpapier langfristig als guter Kauf anzusehen ist. Siehe die Übersicht über Empfehlungen von Finanzanalysten Seite 233.

Long-Term Capital Management (LTCM): Ein amerikanischer Hedgefonds, der im Herbst 1998 ins Schleudern geriet und durch eine erhebliche Kapitalspritze der amerikanischen Regierung gerettet werden musste, um die Gefahr einer Destabilisierung des amerikanischen und möglicherweise auch des internationalen Finanzsystems abzuwenden. Das Beispiel LTCM bekräftigte die Forderungen der Wirtschaftsexperten der G20 nach einer Vorschrift zur Regulierung von Hedgefonds. Manche sehen heute in dem Zusammenbruch von LTCM ein Menetekel, das auf die von Hedgefonds drohenden Gefahren für den weltweiten Kapitalmarkt frühzeitig hinwies.

Lot: Die Standardkontraktgröße im Devisenhandel. Ein Lot bedeutet 100.000 Einheiten einer Base Currency, also etwa beim Devisenpaar EUR-USD genau 100.000 Euro. Davon abgeleitet: Mini Lots für 10.000 Einheiten und Micro Lots für 1.000 Einheiten.

Low-Ball: Ein außerordentlich günstiges Angebot. Dies kann beispielsweise ein Angebot wie die kostenlose Kontoführung sein, um Kunden zu ködern, die man sonst nicht gewinnen könnte.

Low-Grade: Wertpapiere, die von Ratingagenturen eine Note von B oder schlechter erhalten haben.

LSE → London Stock Exchange

LTCM → Long-Term Capital Management

Ltd. → Limited Company

Lucky Buy: Bezeichnet in der Sprache der Fusionen und Übernahmen den Fall, wenn sich nach dem Aufkauf eines Unternehmens oder von Teilen eines Unternehmens der Wert als höher herausstellt als der entrichtete Kaufpreis.

M&A → Mergers and Acquisitions

Macaroni Defense: Eine Abwehrstrategie gegen feindliche Übernahmen, bei der ein Unternehmen eine Vielzahl von Anleihen in Umlauf setzt, mit der Maßgabe, dass diese bei einer feindlichen Übernahme zu einem hohen Preis von deren Inhabern zurückgekauft werden müssen. Diese Vorsichtsmaßnahme soll einem potenziellen Übernehmer schwer zu berechnende Risiken aufbürden und ihn so von einem Angriff auf das Unternehmen abschrecken. Eine Übersicht mit weiteren Abwehrstrategien finden Sie auf Seite 112.

Macbeth → Lady Macbeth Strategy

MACD → Moving Average Convergence/Divergence

Main Street: In den politischen Diskussionen und journalistischen Kontroversen während der großen Wirtschafts- und Finanzkrise 2007-2010 stand der Begriff Main Street geradezu als Gegenpol zur Wall Street. Während dabei die Wall Street gleichsam ein Abbild für die als raffgierig angesehenen Banken der Hochfinanz in New York war, galt die „Main Street" (allgemein und austauschbar als Hauptstraße) als das Abbild des kleinen Mannes, der durch die Wirtschaftskrise seine Arbeit und vielleicht auch seine Wohnung verloren hatte.

Major Currencies: Im Jargon des Devisenhandels die am am stärksten gehandelten Währungen USD (amerikanischer Dollar), EUR (Euro) und YEN (Japanischer Yen).

Management Buy-in (MBI): Die Übernahme eines Unternehmens durch außerhalb des Unternehmens befindliche Führungskräfte oder Kapitalanleger. Dabei kann die Übernahme einer Firma durch einen Geldgeber auch mittels einer solchen Gruppe von Führungskräften ausgeführt werden, damit der Investor anonym bleibt. Ein Management Buy-in kann sinnvoll sein, wenn durch den Wechsel der Geschäftsleitung oder auch der Unternehmensstrategie eine Firma ertragreicher wirtschaften wird.

Management Buy-out (MBO): Die Übernahme einer Firma durch die gegenwärtige Geschäftsleitung. Dazu werden den bisherigen Anteilseignern ihre Unternehmensbeteiligungen vollständig abgekauft. Oft erfolgt das MBO durch einen Bankkredit oder eine von einer Private Equity oder VC-Gesellschaft bereitgestellte Finanzierung.

Maple Bond: Eine in Kanada auf kanadische Dollars lautende Anleihe, die von ausländischen Emittenten in Kanada ausgegeben wird. Wenn beispielsweise eine deutsche Bank in Kanada eine Anleihe in kanadischen Dollars begibt, heißt solch eine Anleihe Maple Bond. Die „Ahorn-Anleihe" ist nach dem Ahornblatt auf der Kanadischen Flagge benannt.

Margin: Der Geldbetrag, den ein Broker als Sicherheit für einen Wertpapierkredit oder ein Termingeschäft fordert. Diese Sicherheitsleistung dient dem Ausgleich möglicher Verluste. Bei stark schwankenden Kursen sind die Margins besonders hoch.

Market Performer: Wertpapiere, deren Kurse sich nahezu wie der Marktindex entwickeln. Solche Marktindizes können etwa der Dow Jones, der DAX oder der TecDAX sein. Siehe die Übersicht Seite 233.

Marquee Asset: Ein Vermögensgegenstand, den man bildlich gesehen in einem Festzelt (marquee) aufstellen könnte. In der Finanzwelt stellt ein Marquee Asset den wertvollsten Vermögensgegenstand oder die wertvollste Technologie eines Unternehmens dar.

Master Feeder Fund: Bei diesem auch Hub and Spoke Fund genannten Fonds investieren viele kleine Unterfonds (die Feeder) in einen sogenannten Oberfonds (den Master). Dabei handeln die Feeder-Fonds in ihrer Kapitalakquisition und ihrer Fondsverwaltung völlig unabhängig. Die Unterfonds kann man auch als Speichen (spoke) ansehen, die alle zum Oberfonds als Radnabe (hub) führen.

May Day: Name für den 1. Mai 1975, das Datum, seit dem die Maklergebühren für Wertpapierhandelsgeschäfte in den USA zwischen den Marktteilnehmern frei vereinbart werden können. Dieser Tag war gleichsam auch die Geburtsstunde für das Discount Banking.

MBI → Management Buy-in

MBO → Management Buy-out

MBS → Mortgage Backed Securities

Megacity: Als solche „Riesenstädte" gelten laut einer Festlegung der Vereinten Nationen alle Städte, die über 8 Mio. Einwohner aufweisen. So stellen die Metropolregionen Tokio und Mexiko-Stadt solche Megacities dar. Weitere befinden sich in Indien, Afrika, Asien und Lateinamerika.

Mergers and Acquisitions (M&A): Der Bereich der Fusionen und Übernahmen. In der Theorie der Finanzwirtschaft sollen diese dabei helfen, Kosten zu senken, neue Marktbereiche zu erschließen oder besonders finanzkräftige Unternehmen zu schaffen, die in der Lage sind, auch große Investitionen zu schultern. Bedauerlicherweise haben sich viele große Fusionen der jüngsten Vergangenheit weder für die Anteilseigner noch für die Beschäftigten gelohnt, beispielsweise im Bereich der Automobil- wie auch der Finanzindustrie.

Merrill Lynch: Bis zum 01. 01. 2009 eine der weltweit führenden Investmentbanken. Inzwischen ist sie eine Tochtergesellschaft der Bank of America. Merril Lynch wurde 1914 in New York von Charles Merrill gegründet. Ihm schloss sich im selben Jahr Edmund Lynch als Geschäftspartner an. Mit dem Börsengang 1971 erlebte das Bankhaus seinen Höhepunkt; seinen Tiefpunkt erreichte Merrill Lynch im Januar des Jahres 2009, als es aufgrund von Fehlspekulationen in der Finanzkrise durch die Bank of America geschluckt wurde. Vor dieser Übernahme galt Merrill Lynch als eine der führenden Wertpapierhandelshäuser für Firmenkunden, Regierungen und private wie auch institutionelle Anleger.

Mezzanine Capital / Mezzanine Money: Eine Mischform aus Fremd- und Eigenkapital, vom Begriff her angelehnt an das italienische Wort „mezzanino" für „Zwischengeschoss eines Hauses". In der Bilanz soll es gleichsam auch nach dem Fremdkapital und vor dem Eigenkapital aufgeführt werden.

Microlending: Darlehen an Kleinstunternehmen nach dem Konzept des Friedensnobelpreisträgers M. Yunus. Dieser sieht in diesem Modell einen Ausweg für mittellose und wenig gebildete Menschen in Entwicklungsländern. Tatsächlich erschien dieses Konzept für lange Zeit als Allheilmittel gegen die Armut und Hoffnungslosigkeit in den Entwicklungsländern. Allerdings wird in den letzten Jahren zunehmend Kritik gegen diese Variante der Entwicklungshilfe laut, da den Kreditnehmern mit teilweise bis zu 30 % Zinsen erhebliche Zahlungslasten aufgebürdet werden. Auch wurde von Seiten der Kreditsachbearbeiter scheinbar so massiver Druck auf einige Schuldner ausgeübt, dass diese ihre letzte Zuflucht nur noch im Suizid sahen. Trotzdem kann Yunus darauf verweisen, dass mit seinem Konzept hunderttausende erfolgreicher Existenzgründungen in Entwicklungsländern möglich wurden.

Mid-Caps: Aktiengesellschaften mit einer Marktkapitalisierung zwischen 500 Mio. und 2 Mrd. EUR oder USD. Eine Übersicht über Unternehmensklassen finden Sie auf der Seite 210.

Milestone Payment: Bei der Venture-Capital-Finanzierung werden oft Vorgaben zwischen den Investoren und den Kapitalnehmern vereinbart, die erreicht werden müssen, bevor weiteres Kapital fließt. Diese Vorgaben heißen in der Fachsprache der amerikanischen Risikokapitalgeber Milestones (Meilensteine). Analog dazu werden die Zahlungen, die bei Erreichen dieser Vorgaben erfolgen, als Milestone Payments bezeichnet.

Misery Index: Eine von der Ratingagentur Moody's herausgegebene Aufstellung von Ländern, deren Staatshaushalte sich in einer heiklen Lage befinden. In Europa wären dies in erster Linie Griechenland, Irland, Italien, Portugal und Spanien.

Mississippi Bubble: Eine massive Finanz- und Wirtschaftskrise, die Frankreich zwischen 1719 und 1720 erschütterte. Ausgelöst durch den Bankrott der Compagnie d'Occident, deren offizieller Geschäftszweck es war, in den französischen Kolonien Nordamerikas und der Karibik ungeheure Reichtümer zu heben. Die Gesellschaft war von dem schottischen Finanzakrobaten John Law in Abstimmung mit der französischen Krone vorrangig deswegen gegründet worden, um möglichst große Teile der französischen Staatsschulden auf eine von privaten Geldgebern gehaltene Aktiengesellschaft abzuwälzen. Diese Schulden sollten dann durch die unermesslichen Gewinne aus der Neuen Welt ganz nebenbei getilgt werden. Am Beispiel der Geschichte dieser Gesellschaft zeigt sich, dass Phantastereien im Finanzsektor keine Eigentümlichkeit der Neuzeit sind, sondern schon vor Jahrhunderten vorkamen. Einen Zeitstrahl mit weiteren Crashs finden Sie auf Seite 220.

Moral Hazard: Einerseits die hemmungslose Rücksichtslosigkeit von Banken oder Fonds gegenüber ihren Anlegern und der Allgemeinheit. Andererseits gerade auch das Risiko für die Gesellschaft und den Finanzsektor, wenn einzelne Gruppen oder Einrichtungen ihren Vorteil zum Nachteil des gesamten Systems maximieren, ohne für dieses Verhalten adäquat sanktioniert werden zu können.

Moral Suasion: Die Verhaltensbeeinflussung, welche die SEC oder die Notenbank auf Marktteilnehmer durch freundliche Hinweise oder scharfe Ermahnungen ausüben kann.

Morning Dawn: Eine Angriffsstrategie bei einer feindlichen Übernahme; auch als Dawn Raid (Raubüberfall im Morgengrauen) bezeichnet. Der Raider kauft dabei ohne ein vorheriges Übernahmeangebot gleich am Morgen Aktien des Zielobjektes auf, um den Überraschungseffekt auszunutzen. In der Praxis hat sich gezeigt, dass diese Form der feindlichen Übernahme wesentlich billiger ist als der Erwerb eines Unternehmens nach einem formellen Übernahmeangebot. Denn bei einem solchen hat ein attackiertes Unternehmen noch Zeit, Abwehrmaßnahmen zu ergreifen, die wiederum die Übernahme erschweren und verteuern. Siehe auch die Übersicht über Angriffsstrategien auf Seite 20.

Mortgage: Hypothek. Der Begriff leitet sich aus der französischen Rechtssprache des Mittelalters ab. Da ein Zinsnehmen damals nicht gestattet war, behalf man sich mit dem Ersatz, dass bei der Beleihung von Grund und Boden der Kreditgeber grundsätzlich das Recht zur Fruchtziehung hatte, also die landwirtschaftlichen Produkte an sich zu nehmen. Wenn der Gläubiger die entnommenen Früchte von seiner Kreditforderung abziehen durfte, sprach man von „vif gage" (lebender Pfand), weil das Land nicht wertlos liegen blieb. Den gegenteiligen Fall nannte man entsprechend „mort gage" (toter Pfand).

Mortgage Backed Securities (MBS): Besondere Zweckgesellschaften, in die verbriefte Hypothekenkredite eingebracht worden sind. Die MBS stellen eine Variante der Asset Backed Securities dar. Durch die Verbriefung von Hypothekenkrediten und den Verkauf der so geschaffenen Wertpapiere kann sich eine Bank von einem Kreditrisiko trennen und zeitnah frisches Kapital erhalten. Allerdings lag in der Form der Veräußerung stark risikobehafteter Subprime Loans durch amerikanische Banken der Auslöser der Finanzkrise 2007-2010. Denn diese Wertpapiere, die lediglich stark risikobehaftete Hypothekenkredite abbildeten, gelangten über die Kapitalmärkte in die Portfolios von Kapitalsammelstellen und Banken auf der ganzen Welt. Als die ersten Hypothekenschuldner von Subprime Loans in den USA in Zahlungsschwierigkeiten gerieten, lösten sie einen Domino-Effekt aus. Schließlich haften Hypothekenschuldner in den USA nur mit der Immobilie und nicht wie in Europa mit ihrem gesamten Privatvermögen. Wenn die beliehene Immobilie im Wege der Zwangsversteigerung keinen oder nur noch einen geringen Erlös erzielte, waren mit dem Hypothekenkredit auch die daran geknüpften MBS wertlos. Als Folge davon haftet ihnen noch immer ein schlechtes Image an, obgleich es inzwischen auch wieder durchaus solide MBS gibt.

Morgan Stanley Capital International Index (MSCI): Bezeichnet zwei Arten von Indizes: solche, die Industrieländer und deren Regionen darstellen (MSCI World) und solche, die die Entwicklung von Schwellenländern beschreiben (MSCI Emerging Markets Index). Zweck der von Morgen Stanley erstellten Indizes ist es, die Entwicklung der organisierten Kapitalmärkte verschiedener Länder vergleichbar zu machen. Nach der Meinung von Experten haben sie größere Aussagekraft als die einzelnen Länderindizes, wobei kritisch bemerkt werden muss, dass bei der Auswahl von Aktien, die in den Index aufgenommen werden, ein ausgeprägter Ermessensspielraum besteht.

Moving Average Convergence/Divergence (MACD): Ein Indikator für das Zusammen- oder Auseinanderlaufen eines gleitenden Durchschnitts. Dieses Werkzeug der Markttechnik wurde 1979 von Gerald Appel entwickelt. Oft zusammen mit einem Trigger (Signallinie) eingesetzt und als Werkzeug der Analyse in der Markttechnik sehr beliebt. Diese ist als ein Ansatz der technischen Aktienanalyse zu begreifen, der die Kursverläufe von Wertpapieren oder eines Kapitalmarktes mittels auf Formeln beruhender Gedankengebäude zu deuten trachtet.

MSCI → Morgan Stanley Capital International Index

Multi Asset Class: Eine Form der Risikostreuung für Anleger, bei welcher die Diversifikation nicht nur innerhalb einer Anlageklasse stattfindet. Vielmehr wird eine weitere Risikostreuung durch Anlage des Kapitals in unterschiedlichen Anlageformen wie Anleihen, Aktien, Geldmarktfonds und Edelmetallen vorgenommen. Man könnte dies auch als zweidimensionale Diversifikation bezeichnen.

Municipal Bonds: Anleihen der nordamerikanischen Bundesstaaten und Kommunen sowie öffentlicher Transport- und Versorgungseinrichtungen der USA.

Mutual Funds: Die offenen Investmentfonds in den USA. Der Begriff ähnelt in seiner Formulierung (mutual = gegenseitig) an die „Versicherungsgesellschaft auf Gegenseitigkeit", bei der die Versicherungsnehmer als Solidargemeinschaft mit den gezahlten Beiträgen den gemeinsamen Zweck solidarisch verfolgen. Auch bei der offenen Kapitalanlagegesellschaft verfolgen die Kapitalanleger solidarisch und gemeinschaftlich die von der Fondsverwaltung gesteckten Anlageziele.

NAFTA (North Atlantic Free Trade Agreement): Abkommen über die Schaffung einer Freihandelszone zwischen Kanada, den USA und Mexiko.

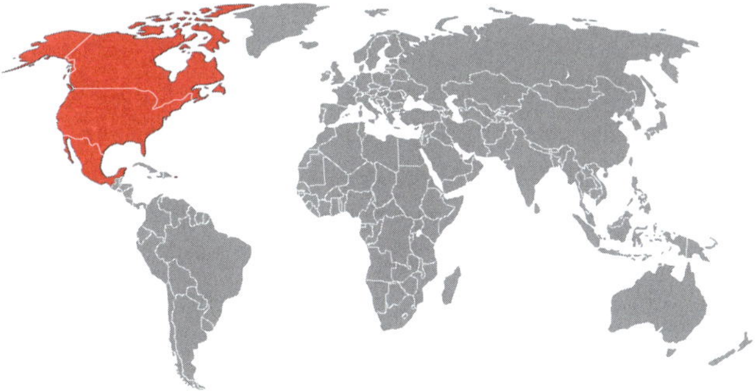

Karte der NAFTA-Staaten (rot)

Naked Warrant: Ein Optionsschein, der ohne Bindung an ein anderes Wertpapier ausgegeben wird. Dieser sogenannte nackte Optionsschein verbrieft ein eigenständiges Optionsrecht und kann somit am Kapitalmarkt gekauft und verkauft werden.

NASDAQ (National Association of Securities Dealers Automated Quotations): Die älteste voll computerisierte Börse der Welt. Sie nahm 1971 ihren Betrieb auf und ist seit 1997 auch für private Anleger zugänglich. Die NASDAQ gilt übrigens als Startbrett vieler mit Venture Capital aufgezogener Technologiefirmen wie Mircosoft, Dell und Amgen in die Welt der Kapitalmärkte.

National Recovery Administration (NRA): Eine von Präsident Franklin D. Roosevelt im Zuge des New Deal 1933 geschaffene Behörde, die kartellrechtlich arbeiten sollte und Arbeitsplätze und Industriestrukturen zerstörende Unternehmenskonzentrationen verhindert sollte. Da der oberste Gerichtshof der USA die Tätigkeit der NRA 1935 untersagte, musste diese ihre Arbeit einstellen. Der Grund für diesen Beschluss lag darin, dass die NRA auf unangemessene Weise in dic Bürgerrechte von Privatleuten und Kleingewerbetreibenden eingegriffen hatte. Nichtsdestotrotz flossen viele Vorlagen der NRA in die amerikanische Anti-Trust-Gesetzgebung ein, die übermäßige und den Wertbewerb störende Kartelle verhindern soll.

NAV → Net Asset Value

Near Money: Vermögenswerte, die ohne oder nur mit geringen Wertverlusten in Bargeld umgetauscht werden können. Ein gutes Beispiel für ein solches „Quasigeld" sind Geldmarktfonds.

Net Asset Value (NAV): Der Wert aller Anlagen, die sich in einer Kapitalanlagegesellschaft befinden, vermindert um die auf ihr lastenden Verbindlichkeiten.

New Club of Paris: Eine gemeinnützige Institution, die durch die drei Wissenschaftler Ahmed Bounfour (Frankreich), Leif Edvinsson (Schweden) und Günter Koch (Österreich) im Jahr 2006 ins Leben gerufen wurde. Der New Club of Paris hat als Aufgabe, die Transformation unserer von industriellen Strukturen geprägte Wirtschaft in eine Wissensgesellschaft zu unterstützen und zu beschleunigen. Dazu veranstaltet er Konferenzen und Seminare und gibt Untersuchungen in Auftrag. Die Geschäftsstelle des New Club of Paris hat ihren Sitz in Wien. Allerdings hat die Gesellschaft auch Räumlichkeiten in Paris. Dort steht in einem schwedischen Bereich der Schreibtisch, an dem Alfred Nobel sein Testament geschrieben haben soll. Siehe auch die Übersicht Seite 52.

New Deal: Die Reformen von US-Präsident Franklin Delano Roosevelt, mit welchen dieser erstmals in der Geschichte in die Wirtschaftsstruktur und die Abläufe wie Regelungen der Ökonomie der Vereinigten Staaten lenkend eingriff. Der Beginn des New Deals wird auf den 04. 03. 1933 datiert, als Roosevelt eine staatliche Rentenversicherung einführte, einen Teil der Stromversorgung verstaatlichte und die zahlungsunfähigen Automobilkonzerne General Motors und Chrysler sanierte. Der Begriff selbst stammt aus dem Pokerspiel und bezeichnet das Verteilen frischer Karten am Anfang einer neuen Runde.

New Economy: Bezeichnet einen wirtschaftlichen Trend, der Ende der 1990er Jahre einen Höhepunkt erfuhr. Damals erzielten die Aktien von Hochtechnologieunternehmen (vor allem aus dem IT-Sektor) Spitzennotierungen, wenngleich sie nur über wenig Personal und keine oder nur wenig beleihbare Vermögensgegenstände wie Gebäude, Grundstücke, Patente oder Maschinen verfügten. Allein die Geschäftsidee dieser Firmen sollte erhebliche Geldsummen Wert sein. Während ein Großteil dieser Unternehmen Schiffbruch erlitt, haben einige wenige dieser Firmen, wie beispielsweise Google, einen kometenhaften Aufstieg erfahren.

Newly Industrializing Countries (NIC): Jüngst industrialisierte Länder. Diesem Terminus entspricht der deutsche Begriff der „Schwellenländer" Südostasiens, Lateinamerikas und teilweise auch Afrikas.

New Money: Bei staatlichen Umschuldungsprozessen derjenige Geldbetrag, um den der Nennwert neuer Schuldverschreibung den der alten über- oder unterschreitet. Ein positiver Betrag steht für eine Neuverschuldung, ein negativer Betrag für einen Schuldenabbau.

Newsflow: In der Wirtschaftspresse oft für das Eintreffen wichtiger, neuer Nachrichten benutzter Begriff. Der Fachterminus geht zurück auf den Forscher Hans Mathias Kepplinger, der in den 60er Jahren des vergangenen Jahrhunderts ein Modell entwickelt hat, wie Nachrichten entstehen. Nach seiner Auffassung fließen Nachrichten von den Quellen zu den Nachrichtenagenturen, dann über die Massenmedien zu den Mediennutzern. Aus den von Quellen ausgehenden Rinnsalen wird dadurch gleichsam ein Strom (flow) von Nachrichten (news).

New View: Eine neue Finanzmarkttheorie. Sie erklärt die Vorgänge auf den Finanzmärkten nicht nur mit dem Geldangebot durch Notenbanken, sondern zieht auch das Handeln institutioneller Investoren mit heran, die Entscheidungen von Unternehmen und Privatpersonen sowie den Verschuldungsgrad von Staaten.

NGO → Non-governmental Organization

NIC → Newly Industrializing Countries

NIMBY → BANANA

NINJA Credit / NINJA Loan (No Income, No Job or Assets): Abfällige Bezeichnung für die Kreditvergabe an Personen ohne Einkommen (income), ohne Arbeit (job) und ohne Vermögenswerte (assets) vor der letzten Wirtschaftskrise. Mit ähnlicher Bedeutung ist auch der Begriff NINA gebräuchlich (No Income, No Assets).

No Bail-out: Gemäß den Verträgen von Lissabon darf kein Schuldner für die Verbindlichkeiten des anderen einstehen. Es gilt eigentlich das Verbot des Bail-outs. Die gemeinsame Übernahme von Schulden anderer EU-Länder würde hiergegen verstoßen, wenn man es genau nimmt.

No-Load Fund: Investmentfonds, die ohne Ausgabeaufschlag ausgegeben werden. Dafür wird das Verwaltungskonto des Investementfonds regelmäßig mit einer Managementgebühr belastet.

Non-governmental Organization (NGO): Bezeichnung für sogenannte Nicht-Regierungsorganisationen. Dazu zählen unabhängige Organisationen, die Staaten im Bereich der Bürgerrechte (z. B. Amnesty International), ihrer Ausgabenpolitik (z. B. Bund der Steuerzahler) oder sonstiger Maßnahmen beobachten und beurteilen. In einer modernen Bürgergesellschaft gewinnen NGOs zunehmend an Gewicht.

Nonprofit Organization: Gemeinnützige Gesellschaft. Zweck einer solchen Organisation ist nicht die Gewinnerzielung, sondern die Verbesserung der allgemeinen gesellschaftlichen Wohlfahrt.

No Rating: Bedeutet in der Sprache der Wertpapieranalysten, dass für das betreffende Wertpapier keine Bewertung vorliegt.

Non-recourse Loans: Darlehen, bei denen nur der beliehene Sachwert, wie beispielsweise eine Immobilie, als Sicherheit dient. Eine persönliche Haftung des Schuldners über die Sicherheit hinaus ist nicht gegeben. Die meisten in den USA vergebenen Hypothekendarlehen fallen in diese Kategorie. Nach Rückgabe der Immobilie an die Bank oder nach erfolgter Zwangsversteigerung erlischt jedwede Forderung des Kreditinstituts gegenüber dem Kreditnehmer.

Notional Bonds → Hypothetical Bonds

NPO → Nonprofit Organization

NRA → National Recovery Administration

NRSRO (Nationally Recognized Statistical Rating Organizations): Die drei großen amerikanischen Ratingagenturen S&P (43 % Marktanteil), Moody's (36 % Marktanteil) und Fitch (16 % Marktanteil). Diese Firmen haben nahezu amtlichen Charakter, da die amerikanische Börsenaufsicht SEC für Einstufungen allein Bewertungen dieser drei Rating-Firmen heranzieht.

NYBOR (New York Interbank Offered Rate): New Yorker Entsprechung zum LIBOR und EURIBOR. Siehe auch → Interbank Rate.

NYSE Euronext Group: Durch den Zusammenschluss der NYSE (New York Stock Exchange) mit der Euronext-Gruppe ist der größte Börsenbetreiber der Welt, gleichsam ein Finanz-Titan erwachsen. Dieser weist eine Marktkapitalisierung von 18 Milliarden Dollar auf. Ferner liegt der Marktwert der an seinen Kapitalmärkten gehandelten Großunternehmen bei bis zu 18 Billionen Dollar. Dieser Bund von Kapitalmärkten umfasst neben New York auch Handelsplätze wie Paris, Amsterdam, Brüssel, Lissabon, London und die Deutsche Börse.

Obamanomics: Kunstwort, das für die Wirtschaftspolitik (economics) des US-Präsidenten Barack Obama steht. Dieser strebt eine niedrigere Besteuerung von amerikanischen Unternehmen an, die ihre Konzernzentrale in den USA belassen sowie in den USA auch eine Stammbelegschaft halten. Andererseits fordert er höhere Einkommensteuern für Spitzenverdiener, einen Ausbau der gesetzlichen Krankenversicherung und zusätzliche Investitionen in Bildung und Forschung.

Occupy Wall Street (OWS): Eine weltweite Protestbewegung gegen Großbanken und die Finanzindustrie, denen die Demonstranten den Vorwurf machen, mit ihrer Finanzakrobatik auf der ganzen Welt tiefgreifende Verwerfungen zu verursachen. Ihren Ursprung nahm die Bewegung am 17. 09. 2011 in New York. Mittlerweile hat sich die Bewegung in nahezu 1000 Städten und über 80 Ländern auf der ganzen Welt etabliert. Die Demonstranten stellen sich dabei mit ihren

Transparenten in der Wall Street und allen weiteren großen Finanzdistrikten in der ganzen Welt auf und tun dort ihren Unmut gegenüber der Finanzindustrie kund.

Octopus: Der Oktopus (achtarmiger Krake) ist in der Sprache der Finanzwelt ein Symbol für große, multinationale Konzerne wie Microsoft, manchmal auch für staatliche Aufsichtsbehörden mit umfassenden Vollmachten, wie beispielsweise die SEC.

Odd Lot: Oft auch als „unvollständiger Börsenschluss" bezeichneter Kauf oder Verkauf von weniger als 100 Wertpapieren. Ab 100 Wertpapieren und darüber spricht man von einem Round Lot, also einem vollständigen Börsenschluss.

Odious Debts: Bedeutet so viel wie „anrüchige oder verfemte Schulden". Dieser Ausdruck wurde im Paris der 1920er Jahre von Alexander Sack, einem Professor der Rechtswissenschaften russischer Abstammung, entwickelt und in die weltweite juristische Literatur eingeführt. Er besagt, dass Staaten nach einem Regierungswechsel nicht für Schulden aufkommen müssen, die Diktatoren oder andere unredliche Machthaber ohne Wollen des betreffenden Volkes angehäuft haben, um sich selber zu bereichern. Obgleich große Staaten wie die USA sich in einigen Fällen auf diesen Begriff berufen haben, bestehen keine klaren Regeln, wann die Schulden gewisser Länder als anrüchig anzusehen sind und nicht zurückgezahlt werden müssen.

OECD (Organisation for Economic Co-operation and Development): Organisation für Wirtschaftliche Zusammenarbeit und Entwicklung. Diese Institution mit Sitz in Paris wurde 1961 als Nachfolgeorganisation der OEEC (Organisation for European Economic Cooperation) gegründet. Sie dient der Förderung der sozialen Marktwirtschaft in demokratisch angelegten Staaten. Dabei wird sie von den 34 Nationen unterstützt, die ihr als Mitglieder angehören.

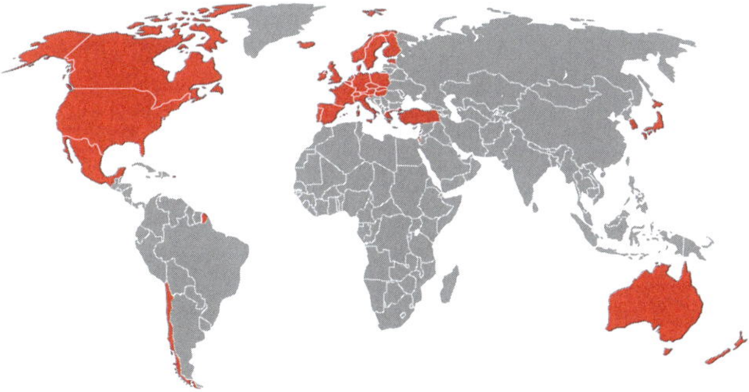

Karte der OECD-Staaten (rot)

Offshore Funds: Kapitalanlagegesellschaften, die zumeist aus steuerlichen Gründen ihren Sitz in Ländern wie den Bahamas, Bermudas, Caymans, Panama, Monaco, den Kanalinseln, Liechtenstein oder den Niederländischen Antillen eingerichtet haben. Manchmal wurden bestimmte Länder und Regionen, wie z. B. Irland, von Investmentfonds oder Banken auch deswegen ausgewählt, weil man es dort mit einer nachsichtigeren Bank- und Börsenaufsicht zu tun hatte.

Old Economy: Sogenannte althergebrachte Wirtschaft. Im Gegensatz zur New Economy steht diese Bezeichnung für traditionelle Industrien, die noch über Gebäude, Produktionsanlagen und auch eine größere Zahl von Beschäftigten verfügen.

Old Lady of Threadneedle Street → Bank of England

One-Stop Agency: Im Bereich der Wirtschaftsförderung oder der Subventionsberatung eine Stelle oder Gesellschaft, bei der alle relevanten Fragen oder Probleme sozusagen aus einer Hand beantwortet bzw. gelöst werden können. Der Begriff rührt von der Werbung für Tankstellen mit Werkstätten her, bei denen man bei einmaligem Anhalten (one stop) alle Schwierigkeiten beheben lassen kann.

OPEC (Organization of Petroleum Exporting Countries): Gemeinschaft all der Länder, die Erdöl und Erdgas ausführen. Die OPEC kann mit ihren Beschlüssen, die Fördermengen zu erhöhen oder zu drosseln, Entscheidungen treffen, die große Auswirkungen auf die weltweite Wirtschaft und Politik haben.

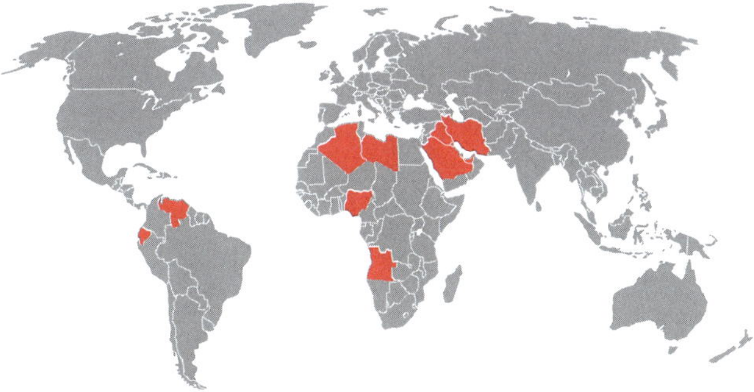

Karte der OPEC-Staaten (rot)

Open-Collar Workers: In Anlehnung an die Terminologie des amerikanischen Soziologen C. Wright Mills heißen die Beschäftigten in Firmen mit lockeren Umgangsformen „Arbeitnehmer mit offenem Kragen". Dieser Kleidungsstil ist kennzeichnend für Firmen aus dem IT-Bereich und technisch-naturwissenschaftlich orientierte Unternehmen.

Open-End Funds: Kapitalanlagegesellschaften, die keiner Beschränkung hinsichtlich der Zahl der auszugebenden Anteilsscheine unterliegen.

Open Field: In der Grundstücks- und Immobilienwirtschaft eine Fläche, die bislang nur als Weide- oder Ackerland genutzt wurde.

Opening: Der Beginn einer Börsensitzung oder eines Handelstages.

Open Kimono: Drückt aus, dass ein Unternehmen mit offenen Karten spielt, also eine offene Kommunikationspolitik betreibt und über wichtige Projekte und Vorhaben bereitwillig Auskunft erteilt.

Open Outcry: In der Bank- und Börsensprache der öffentliche Aufruf eines Händlers auf dem Börsenparkett. Mit dem Vormarsch des Computer-Handels an den Kapitalmärkten der Welt dürfte diese Art des Börsenhandels bald der Vergangenheit angehören.

Opinion Shopping: Manchmal suchen Unternehmen aus dem Finanzbereich nach einer neuen Wirtschaftsprüfungsgesellschaft mit einer ihnen genehmeren Meinung (opinion). Insbesondere dann, wenn die bisherigen Wirtschaftsprüfer die Bilanzierungs- oder auch die Geschäftspraktiken des Unternehmens als unhaltbar ansehen. Die neue Wirtschaftsprüfungsgesellschaft sollte problematische Praktiken aus Sicht des Unternehmens am besten einfach hinnehmen oder sogar verteidigen.

Orphan: Ein Wertpapier, das von Analytikern bislang wenig oder nicht beachtet wurde und somit als „verwaist" bezeichnet wird. Aufgrund der Missachtung zieht es nicht die Neugier der Kapitalanleger auf sich und notiert schwächer, als es seinem tatsächlichen Wert entspricht.

Orphan-and-Widow Stocks: Sogenannte mündelsichere Wertpapiere, also solche, die man für so wertbeständig erachtet, dass man in ihnen auch das Vermögen für unter Vormundschaft stehende Personen („Witwen und Waisen") anlegen darf. Sie sind charakterisiert durch hohe Dividendenzahlungen und geringe Kursschwankungen. Üblicherweise treffen solche Attribute gerade auf die Aktien großer Lebensmittelkonzerne oder auf Energieunternehmen zu, die konjunkturunabhängig gute Geschäfte zu machen pflegen.

OTC → Over-the-Counter Market

Out of the Money: Kennzeichnet eine Option, die keinen inneren Wert besitzt. Als inneren Wert einer Option bezeichnet man den Betrag, um den der aktuelle Kurs höher liegt als der Ausübungspreis. → At the Money → In the Money.

Outperformer: Ein Wertpapier, das sich deutlich besser entwickelt als der Marktindex, also eine besonders gute Wertentwicklung aufweist. Siehe die Übersicht Seite 233.

Outplacement: In der Sprache der Personaler alle Maßnahmen, die Unternehmen treffen, um gekündigte oder von Kündigung bedrohte Mitarbeiter bei der Suche nach einem neuen Arbeitsplatz zu unterstützen.

Outsourcing: Im Bankwesen die Auslagerung bestimmter Aufgabenbereiche an größere Firmen aus der Branche oder an spezialisierte Dienstleister.

Overspill Town: Stadt, die durch das „Überquellen" von Bevölkerung entstanden ist, also Trabanten- oder Satellitenstädte am Rande von großen Ballungszentren. Das Wort suggeriert, dass die Bevölkerungsteile, die in den Ballungszentren keinen Wohnraum mehr gefunden haben, gleichsam in diese Trabantenstädte gespült (spill) werden.

Over-the-Counter Market (OTC): Der Freiverkehrsmarkt für nicht zum offiziellen Börsenhandel zugelassene Wertpapiere in den USA oder außerbörsliche Handelsplattformen in Europa. Meist handelt es sich auch um solche Effekten, für die nur eine geringe Nachfrage besteht. Der OTC betrifft Termingeschäfte, die zwischen zwei Vertragsparteien ohne Einschaltung eines Kapitalmarktes abgewickelt werden. Da das Risiko bei solchen Geschäften sehr hoch ist, sind solche Transaktionen nur für institutionelle Investoren ratsam.

Overweight: In der Sprache der Finanzanalysten die Empfehlung, ein bestimmtes Wertpapier verstärkt zu kaufen. Gemäß den vom Wertpapierhandelshaus Morgan Stanley 2002 aufgestellten Kategorien bedeutet es, dass ein Wertpapier sich besser entwickelt als der Markt. Siehe die Übersicht Seite 233.

OWS → Occupy Wall Street

Oxbridge: Kunstwort, entstanden durch Verschmelzung der Namen der beiden traditionsreichen englischen Universitäten Oxford und Cambridge, gleichsam ein Topos für die hochwertige Ausbildung, die an beiden Elite-Hochschulen vermittelt wird. Auf die Qualität der dort erhaltenen Ausbildung berufen sich die Fach- und Führungskräfte der englischen Oberschicht und Politiker des Vereinigten Königreichs.

Pac Man Defense (PMD): Eine Abwehrstrategie gegen feindliche Übernahmen, benannt nach einem beliebten Computerspiel aus den 80er Jahren. Hierbei versucht die angegriffene Firma die Übernahme abzuwehren, indem sie selber zur Attacke übergeht und sich bemüht, ihrerseits den Angreifer zu schlucken. Eine Übersicht mit weiteren Abwehrstrategien finden Sie auf Seite 112.

Panel: Im Jargon der Demoskopen eine für die Meinungsforschung repräsentativ zusammengestellte Gruppe von Personen. Mit der systematischen Befragung solcher Panels erarbeiten Demoskopen Rückschlüsse auf die Ansichten der Gesamtbevölkerung.

Panic Buying: Von Unruhe oder Hysterie getriebene Käufe von Wertpapieren, die zumeist mit hohen Handelsaufkommen und großen Kurssteigerungen einhergehen.

Panic Selling: Von Unruhe oder Hysterie getriebene Verkäufe von Wertpapieren, die zumeist mit hohen Handelsaufkommen und großen Kurseinbrüchen einhergehen.

Paper Company: Eine Firma, die nur zum Zwecke der Abwicklung einer oder mehrerer Finanzgeschäfte errichtet wurde. Sie stellt weder Güter noch Dienstleistungen her. Auch als Briefkastenfirma bezeichnet.

Parallel Banking: Bezeichnet Unternehmen, die Finanzgeschäfte tätigen, obgleich sie keine Banken sind. Ihre Tätigkeit erfolgt daher gleichsam parallel zur Geschäftstätigkeit der Kreditinstitute. Meist gewähren diese Unternehmen längerfristige Darlehen oder stille Beteiligungen an anderen Unternehmen und verstoßen daher auch nicht gegen gesetzliche Vorschriften. Mit der verstärkten Nutzung des Internets und der Mobilfunkgeräte für den Zahlungsverkehr deuten sich große Verschiebungen an. Internet-Firmen wie Facebook,

Google, Yahoo und Microsoft könnten in nicht allzu ferner Zukunft durch eine innovative Form des Parallel Bankings zu den neuen Giganten im Geschäft mit Finanzdienstleistungen und neuen Arten des Zahlungsverkehrs werden.

Parent Company: Die Muttergesellschaft eines Unternehmens.

Parking: Die sichere und kurzfristige Anlage liquider Mittel während des Wartens auf eine renditeträchtigere Anlagemöglichkeit; das Geld wird gewissermaßen sicher „geparkt".

Pay-as-you-use Principle: Regel der Finanzlehre, dass ein Investitionsobjekt entsprechend seiner Laufzeit abgezahlt werden sollte. Sie gilt auch für den Staatshaushalt, in der Form, dass Investitionen, die mehreren Generationen zugutekommen, möglichst auch von mehreren Generationen geschultert werden sollten. Dies kann durch Steuern geschehen oder eine Staatsverschuldung, die wiederum auf die Steuerpflichtigen umgelegt wird.

Payday Loan: Eine Form des Kredits, den man als Lohn-Vorfinanzierung umschreiben kann. Dabei muss ein Arbeitnehmer in den USA nur seine letzte Lohnabrechnung und einen Identitätsnachweis vorlegen. Dann erhält er von einem Verleiher einen Kredit zu verhältnismäßig hohen Zinsen unter Verpfändung eines Lohnanteils. Da diese Form der Kreditvergabe die finanzielle Situation vieler einfacher Arbeitnehmer in der Wirtschaftskrise 2007-2010 noch verschlimmert hat, ist sie in vielen amerikanischen Bundesstaaten inzwischen verboten und allgemein sehr umstritten. In Europa würde eine solche Form der Kreditvergabe als Wucher sanktioniert werden. Die Geber von Payday Loans werden oft auch als Loan Sharks, also Kredithaie, bezeichnet.

Paydown: Steht zum einen für die Monatsrate, mit der man neben einer Zinszahlung auch eine Rate zur Abzahlung eines Kredites leistet. Zum anderen für eine durch Barzahlung oder in Form einer Überweisung geleistete Anzahlung für einen Werk- oder Dienstleistungsvertrag.

Payout: Die Rückzahlung investierten Kapitals aus einer Anlage.

PBoC → People's Bank of China

Peanuts: Mit diesem Ausdruck (wörtlich „Erdnüsse", im übertragenen Sinne „Kleckerbeträge") hat der ehemalige Vorstandsvorsitzende der Deutschen Bank AG Hilmar Kopper Millionenverluste der Bank als Kleinigkeiten bagatellisiert. Daraufhin gab es in der Öffentlichkeit scharfe Proteste. Peanuts heißen im Finanzbereich üblicherweise Geldbeträge, die von den jeweiligen Entscheidungsträgern als gering erachtet werden. Tatsächlich bezeichnete Hilmar Kopper einen Betrag von 50 Mio. DM als Peanuts im Vergleich zur Gesamtschadensumme von 5.000 Mio. DM. Das ist zwar nur ein Anteil von 1 %, aber für den „einfachen" Bürger sind 50 Mio. DM dennoch eine hohe Summe.

Penny Stocks: Aktien, die unter einem Dollar oder unter einem Euro notieren, gleichsam also „Pfennig-Aktien". Sie gelten als hochspekulativ, da sie sowohl hohe Gewinne als auch hohe Verluste einbringen können. Diese Gattung von

Wertpapieren ist besonders in Nordamerika und in Asien stark vertreten.

Pennyweight: Ein englisches Gewichtsmaß, das für Münzen und Edelmetalle verwendet wird. Ein Pennyweight entspricht 1,5552 g.

Pension Funds: Pensionsfonds, in den USA rechtlich selbständige Versorgungseinrichtungen der Altersvorsorge, die ihre Kapitalanlagen frei tätigen und daher auch stark in Aktien investieren. In den USA können Aufwendungen für einen Pensionsfonds von der Steuer abgesetzt werden. Dafür müssen die Auszahlungen aus dem Fonds später mit ihrem Ertragsanteil besteuert werden. Dies inspirierte auch Ideen für eine nachgelagerte Besteuerung der Altersvorsorge in Deutschland. Als große amerikanische Pensionsfonds während der Finanzkrise erhebliche Verluste generierten, führte dies jedoch zu massiver Kritik an deren Anlagepolitik.

People's Bank of China (PboC): Die Nationalbank Chinas. Sie wurde 1948 eingerichtet und hat ihren Hauptsitz seit 1949 in Chinas Hauptstadt Peking.

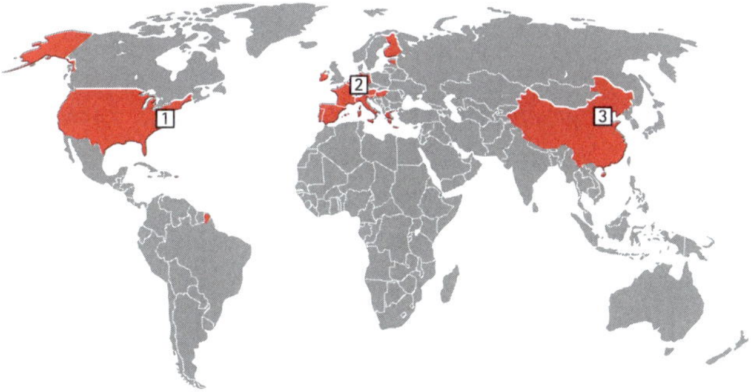

1 Federal Reserve Bank (FED), Washington, D.C.
2 European Central Bank (ECB), Frankfurt am Main
3 People's Bank of China (PBoC), Peking

Die wichtigsten Zentralbanken der Welt

Percentage in Point (PIP): Im Devisenhandel die kleinste Preiseinheit eines Devisenkurses, meist die vierte Stelle nach dem Komma. So entspräche die Änderung des Kurses von USD/JPY um 0,0001 Yen einem PIP.

Performance: Beurteilung des Wertzuwachses von Wertpapieren oder Marktindizes.

Phishing: Das ungesetzliche Vorgehen, durch Einsatz von gefälschten Internetseiten oder Abfangen von E-Mails die persönlichen Zugangsdaten von Bankkunden oder Kreditkarteninhabern einzusammeln, etwa PINs oder Passwörter.

P&I → Protection and Indemnity Insurance

PIGS / PIIGS → GIPS

PIP → Percentage in Point

Pipeline: In der Wirtschaft bedeutet die Wendung „etwas in der Pipeline haben", dass eine Firma noch Ideen oder Produkte auf Lager hat, die kurz vor der Marktreife stehen. Im Bankensektor, dass Produkte oder Projekte vor der Marktreife sind oder Wertpapiere nahezu reif für einen Börsengang.

Plain Vanilla Issue → Vanilla Issue

Plastic Bonds: Anleihen, die durch die Forderungen von Kreditkartenunternehmen gegenüber ihren Kunden gedeckt sind.

PLC → Public Limited Company

Plow-back: Das Wiederanlegen von Profiten in weitere gewinnerzeugende Maschinen und Gerätschaften oder andere Formen der unternehmerischen Kapitalanlage, beispielsweise in Know-how und Neueinstellungen, die gleichsam das Gewinnwachstum vorantreiben sollen.

PMD → Pac-Man Defense

Poison Pills: Eine zu Deutsch auch Giftpillen genannter, bewährter Schutzschild gegen feindliche Übernahmen. Durch die Ausgabe von Belegschaftsaktien, Aktientausch mit wohlgesonnenen Unternehmen, Stimmrechtseinschränkungen oder die Zusage von hohen Abfindungen an die Führungskräfte soll dem Angreifer der Appetit auf das Unternehmen vergehen. Eine Übersicht mit weiteren Abwehrstrategien finden Sie auf Seite 112.

Pole Position: Im Motorsport gilt die Pole Position als die durch Erfahrungswerte ermittelte günstigste Startposition bei Rennveranstaltungen. Im Jargon der Wirtschaft entspricht sie einer besonders günstigen Ausgangsposition für ein Unternehmen.

Ponzi Scheme: Eine in den USA entwickelte Betrugsmethode, die auf keinen realen oder nur auf unprofitablen Geschäften beruht, dem Schneeballsystem ähnlich. Sein Name rührt von dem Bostoner Angestellten Charles Ponzi her, der ein solches System 1919 als erster aufbaute. Das bislang größte international funktionierende Ponzi Scheme konstruierte Bernie Madoff, ein zuvor hochangesehener Investmentbanker aus New York. Beim Ponzi Scheme erhalten die Altanleger Renditen, die aus den Zeichnungen neuer Anleger gespeist werden. Sobald allerdings der Zustrom des Kapitals durch die Abnahme der Zeichnungen neuer Anleger versiegt und die Renditen für ältere Anleger nicht mehr geleistet werden können, bricht ein solches System in sich zusammen.

Pooling: Im Bankensektor die Zusammenfassung aller mit Fremdwährungen belegten Konten eines Firmenkunden zu einem einzigen, gleichsam künstlichen Konto, um einen Überblick über seine aktuelle Liquiditätssituation zu erhalten.

Positive Earnings Surprise: Überraschende Erfolgsmeldung über höhere Erträge einer Gesellschaft, als bislang vorausgesagt.

Post-Money Valuation: Im Jargon der Venture-Capital-Industrie der Unternehmenswert einer Gesellschaft nach einer Finanzierungsrunde.

PPP → Public Private Partnership

PR → Public Relations

Preferred Stockholders: dt. Vorzugsaktionäre. Diese haben im Gegensatz zu Stammaktionären ein eingeschränktes Stimmrecht. Allerdings haben sie das Recht auf eine höhere Dividende und werden in der Reihenfolge bei der Ausschüttung der Erträge der Gesellschaft bevorzugt. Vorzugsaktionäre interessieren sich weniger für die Einflussnahme auf die Gesellschaft, umso mehr jedoch für eine hohe Rendite des von ihnen eingesetzten Kapitals.

Premium Bonds: Anleihen, deren Ausgabekurs schon über ihrem Nennwert liegt, die also mit einem Aufpreis verkauft werden.

Pre-Money Valuation: Im Sprachschatz der Venture Capitalists der Wert eines Unternehmens vor einer Finanzierungsrunde.

Presidential Task Force on Market Mechanisms: Vom amerikanischen Präsidenten Ronald Reagan 1987 eingesetzte Gruppe von Fachleuten zur Beobachtung der amerikanischen Kapitalmärkte. Dieser kam auch die Aufgabe zu, bei der Gefahr von Fehlentwicklungen unmittelbar Bericht an den Präsidenten zu erstatten und ihn zu warnen. Ihren letzten offiziellen Bericht hat die Gruppe 1988 abgegeben.

Prime Papers: Von Ratinggesellschaften mit AAA als vorzüglich eingestufte Wertpapiere.

Private Limited Company: Die britische Form der GmbH oder der kleinen Aktiengesellschaft. Mithin eine Form der Kapitalgesellschaft, die haftungsbeschränkt ist und nicht für einen Börsengang genutzt werden kann. Letzteres ist den Public Limited Companys vorbehalten.

Profit Warning: Eine solche „Gewinnwarnung" ist eine Meldung an Anleger und Investoren, dass eine vorhergesagte Gewinnprognose nicht eingehalten werden kann.

Prohibition: Bezeichnet für gewöhnlich das in den USA von 1919-1932 geltende Alkoholverbot. Einerseits führte dieses zu einer Umstellung der mit Ethanol getriebenen Fahrzeuge und Landmaschinen auf Erdölprodukte wie Benzin und Diesel. Andererseits begünstigte es das Wachstum der organisierten Kriminalität in den USA, die mit Herstellung und Vertrieb von Alkoholprodukten ein Vermögen machte. Zudem verdoppelte sich vertrauenswürdigen Untersuchungen zufolge der Alkoholkonsum in den USA während der Prohibition, was durch den Reiz des Verbotenen ausgelöst worden sein dürfte.

Protection and Indemnity Insurance (P&I): Eine Zusatz-Seeversicherung, die gegen von der Schiffs-Kaskoversicherung nicht gedeckte Schäden absichert. Das sind etwa solche, die die Deckungssumme einer üblichen Schiffs- Kaskoversicherung überschreiten, Schäden an Personen, Kosten für die medizinische Betreuung oder die Unterbringung von Besatzungsmitgliedern und einige andere Posten.

Public Limited Company (PLC): Die britische Form der Aktiengesellschaft, die auch für einen Börsengang verwendet werden kann. Siehe auch die Übersicht Seite 151.

Public Private Partnership (PPP): Finanzierungskonzept, bei dem zumeist Infrastrukturaufgaben wie der Bau oder die Instandhaltung von Straßen oder die Energieversorgung an einen privaten Investmentfonds, einen Pensionsfonds oder eine Bank übertragen werden. Dabei kann das Infrastrukturobjekt an den Kapitalgeber gänzlich abgetreten werden, oder ein Anlageobjekt wird im Rahmen eines Sale-and-Leasebacks zuerst verkauft und dann über eine Form des Leasings wieder zurückgekauft. Der Grundgedanke der PPPs war, dass private Firmen bestimmte der öffentlichen Hand obliegende Aufgaben wirksamer erledigen könnten als öffentlich-rechtliche Institutionen. Zudem hatten viele dieser Projekte für die öffentliche Hand den Vorteil, dass sie die stark verschuldeten Haushalte von Städten, Gemeinden und Kommunen entlasteten. Allerdings haben viele deutsche Städte, Gemeinden und Kommunen im Zuge der Finanzkrise 2007-2010 böse Überraschungen erlebt, wenn sich bei den eben erwähnten Sale-and-Leasebacks die Finanzierungsstruktur und -konditionen änderten.

Public Relations (PR): Die Öffentlichkeitsarbeit von Unternehmen und Behörden.

Pump and dump: Eine ungesetzliche Börsenpraxis, bei welcher die Kurse von Wertpapieren durch Gerüchte und unwahre Meldungen nach oben getrieben werden. Sobald die Kurse dieser Wertpapiere einen gewissen Punkt des Anstiegs erreicht haben, stoßen die Initiatoren dieser Gerüchte und Falschmeldungen ihre Wertpapiere mit Gewinn ab. Unwissende oder irregeführte Kapitalanleger hingegen müssen bei dem später einsetzenden Kursverfall der Wertpapiere erhebliche Verluste hinnehmen. Pump and dump wird mittlerweile sowohl in den USA als auch in Europa sanktioniert. Eine Übersicht mit weiteren illegalen Börsenpraktiken finden Sie auf Seite 105.

Push-pull Theory: Ein Modell, das die Migrationsbewegungen zwischen Gegenden mit unterschiedlichem Lebensstandard und verschieden ausgeprägten Arbeitsmöglichkeiten erklärt. Die Push-pull Theory besagt, dass Menschen grundsätzlich von Orten mit niedrigem Lebensstandard und eingeschränkten Arbeitsmöglichkeiten zu Gegenden mit höherem Lebensstandard und weniger beschränkten Arbeitsmöglichkeiten wandern. Durch schlechte Lebens- und Arbeitsbedingungen werden die Menschen gleichsam aus ihren Heimatländern herausgeschoben (push). Gute Lebens- und Arbeitsbedingungen hingegen ziehen (pull) die wanderungswilligen Arbeitnehmer aus ihren Ursprungsländern heraus.

Put: Eine Verkaufsoption.

Pyramid: Eine besondere Form des Schneeballsystems. Mit ihrer Einlage erwerben die Zeichner dieses Systems das Anrecht, an einer Art der Verlosung teilzunehmen, bei der sich angeblich Millionenbeträge gewinnen lassen. Wenn es tatsächlich zur Auszahlung solcher Beträge kommt, dann werden diese Gewinnzahlungen stets aus den Mitgliedsbeiträgen oder den Einlagen neuer Mitlgieder gespeist. Ebenso wie beim einfachen Schneeballsystem bricht auch das Pyramiden-System in sich zusammen, wenn nicht mehr genügend neue Zeichner zum System hinzustoßen.

Quant Funds: Fonds, bei denen die Fondsmanager große Mengen von ausgewählten Titeln (Quantity) kaufen und damit versuchen, den Marktindex zu schlagen.

Quantitative Easing (QE): Der Ankauf von Wertpapieren durch eine Notenbank, wenn der Leitzins bei null oder sehr niedrig steht. Mit dem QE wird mitunter sehr viel für Unternehmen und Privatpersonen billige Liquidität in den Markt gepumpt. Dies kann zu einer Belebung des Wirtschaftswachstums führen, birgt aber auch die Gefahr von Inflation und Stagnation in sich. In jüngster Zeit hat die amerikanische Notenbank FED zwei solcher Programme mit den Kürzeln Q1 und Q2 aufgelegt.

Quarterly Statement: Abschluss zum Ende eines Quartals. Solche vierteljährlichen Berichte sind gerade bei börsennotierten Wertpapieren üblich.

Quasi-public Corporation: Privatwirtschaftliche Unternehmen, denen der amerikanische Staat öffentliche Aufgaben übertragen hat. Das sind beispielsweise Firmen wie Fannie Mae, Freddie Mac oder Sallie Mae, die die Versorgung der amerikanischen Bevölkerung mit zinsgünstigen Immobilien- oder Studiendarlehen sicherstellen sollen. Obgleich die Unternehmen das privatrechtliche Kleid der Aktiengesellschaften tragen, konnten sie sich bei finanziellen Schwierigkeiten stets einer Bürgschaft oder einer Finanzspritze der amerikanischen Regierung sicher sein.

QE → Quantitative Easing

Quick Asset: Vermögensbestandteile eines Unternehmens, die rasch und ohne (oder mit nur geringem) Wertverlust in flüssige Mittel umgewandelt werden können, beispielsweise Bargeld und gängige Forderungen.

Quick Storming: Ein Vorgang der Entscheidungsfindung, bei dem durch einen gruppendynamischen Prozess rasch eine Lösung für ein Problem oder eine Fragestellung gefunden wird.

Quick Turn: Der Kauf eines Wertpapiers, dem nach kurzer Zeit der Verkauf folgt, um einen Profit zu erlangen.

Quid: Im Slang der britischen Finanzwelt die Ein-Pfund-Banknote.

Quiet Period: Die Zeitspanne, in der ein vor dem Börsengang stehendes Wertpapier sich in einer Phase der Einschreibung oder Prüfung befindet und es nicht gestattet ist, Unternehmensnachrichten mit Kursrelevanz zu verbreiten.

Quotation: Börsennotierung, also die Notierung des Kurses eines Wertpapiers an einem öffentlichen Wertpapiermarkt. Im Deutschen auch als Kotierung bezeichnet.

® → Registered Trademark

RAFTD → Revised American Foreign Trade Definitions

Raider: Ein Finanzinvestor, der ein Unternehmen im Zuge einer feindlichen Übernahme aufkauft, um es danach zu zerschlagen und um für die einzelnen Teile des Unternehmens einen höheren Erlös zu erzielen als beim Verkauf der gesamten Firma. Siehe auch die Übersicht Seite 247.

Rainmaker: In der Bank- und Börsenwelt eine Führungskraft, die über besondere Fähigkeiten im Verkauf oder im Börsenhandel verfügt. Der Begriff entstand in Anlehnung an indianische Medizinmänner, die angeblich mit einem Tanz Regen herbeizaubern konnten (to make rain = Regen machen).

Rally: Starke Zunahme der Börsenkurse innerhalb eines überschaubaren Zeitraumes. Siehe beispielsweise → Santa Claus Rally.

Range Warrants: Auch Korridor-Optionsscheine genannte Wertpapiere, die dem Anleger auch dann einen Gewinn bescheren, wenn der Kurs nicht steigt, sondern im Mittel annähernd gehalten wird.

Rating: In der Börsensprache die Benotung und Einstufung von Aktiengesellschaften, Anleihen und Investmentfonds entsprechend ihrem Vermögen, gegenwärtigen und zukünftigen Zahlungsverpflichtungen nachzukommen. Die bekanntesten Bewertungsagenturen im angloamerikanischen Raum sind Moody´s, Standard & Poor's und Fitch Ratings. Die von den Agenturen vergebenen Noten reichen von AAA (bestens) bis D (Zahlungen eingestellt). Siehe die folgende Tabelle.

Bewertung von Wertpapieren, Unternehmen und Ländern		
Rating	**Entspricht der Schulnote**	**Groburteil**
AAA oder Aaa	ausgezeichnet	Investment Grade, also die soliden Anlagen
AA oder Aa	sehr gut	
A	gut	
BBB oder Baa	noch gut	
BB oder Ba	voll befriedigend	spekulative Anlagen
B	befriedigend	
CCC oder Caa	noch befriedigend	
CC oder Ca	ausreichend	
C	mangelhaft	
D	ungenügend	Das Unternehmen oder das Land kommt seinen Verpflichtungen zur Abtragung von Zins und Tilgung nicht mehr nach

Die Geburtsstunde der Ratingagenturen war die Zeitspanne, als amerikanische Eisenbahngesellschaften sich durch die Ausgabe von Aktien große Geldmittel besorgen mussten. In dieser Lage bestand bei Kapitalanlegern eine große Nachfrage nach stichhaltigen Auskünften über die Bonität der jeweiligen Eisenbahngesellschaften. Diese wurde als erstes durch den Begründer der Ratingagentur Moody's zur Zufriedenheit der Investoren gedeckt.

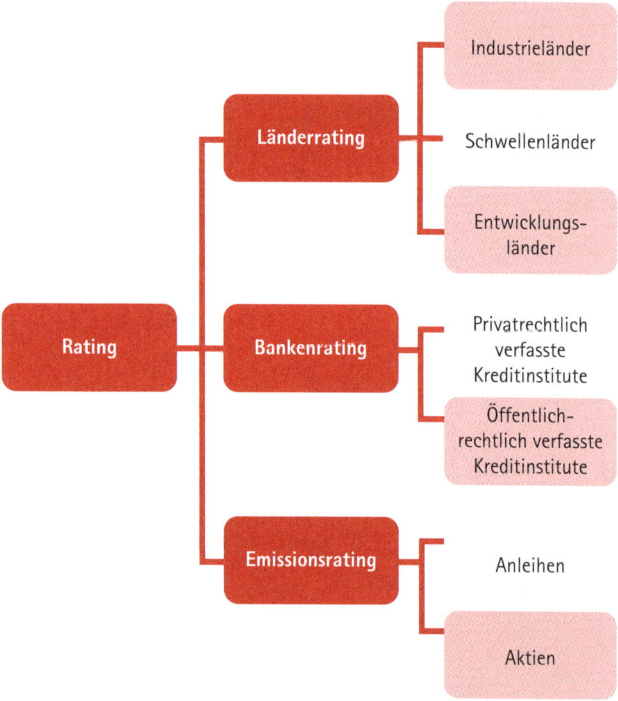

Übersicht über Rating-Arten

R&D → Research and Development

Real Asset: Greifbare Anlagegüter oder Rohstoffe wie Holz, Gold, Diamanten etc.

Real Estate Investment Trust (REIT): Amerikanische Fonds, die ihr Kapital in börsennotierte Immobilienaktiengesellschaften anlegen. Deutsche Immobilienfonds durften hingegen in der Vergangenheit nur bebaute und unbebaute Flächen erwerben. Seit 2007 können aber auch in Deutschland sogenannte German REITs aufgelegt werden. Als Einschränkung gegenüber ihrem amerikanischen Pendant darf jedoch nur ein Bruchteil des Anlagevermögens dieser deutschen REITs in Aktien anderer Immobilienaktiengesellschaften investiert werden.

Rebound Effect: Dieser postuliert, dass Effizienzsteigerungen durch neue Technologien stets durch einen gesteigerten Verbrauch ausgeglichen werden können.

Red Bonds: In der Diskussion über die Einführung von Eurobonds entstandenes Konzept für Staatsanleihen, die von einzelnen der europäischen Währungsunion angehörenden Staaten in eigener Regie emittiert werden könnten, ohne dass für sie die Gemeinschaft der Unionsstaaten haften würde. Sie entsprächen also den klassischen Staatsanleihen der Euro-Länder, wie wir sie bislang kennen. Im Vergleich zu den Blue Bonds wären die Red Bonds der ökonomisch schwächeren Länder dann gleichsam Staatsanleihen zweiter Klasse. Siehe auch die Grafik Seite 28.

Red Chips: Steht mittlerweile für große, börsennotierte Unternehmen aus China. Zuvor war der Ausdruck für an der Börse von Hongkong gehandelte chinesische Standardaktien geläufig. Die Farbe Rot (red) ist übrigens nicht nur ein Kennzeichnen der kommunistischen Staatsform, sondern in China seit Jahrhunderten, wenn nicht sogar seit Jahrtausenden, eine traditionelle Farbe.

Red Flag: Metapher für ein Warnsignal, das aus den Zahlen eines zu prüfenden Unternehmens oder eines zu bewertenden Landes aufscheint. Diese „rote Flagge" zeigt an, dass Korrekturen in der Strategie oder der Liquiditätsplanung eines Unternehmens oder eines Landes dringend erforderlich sind.

Red Herring Prospectus: Ein bei der SEC eingereichter Zulassungsprospekt für einen Börsengang, in dem aber wichtige Einzelheiten hinsichtlich des Preises für die neu auszugebenden Aktien oder andere auszugebende Wertpapiere fehlen. Auf einer solchen Vorlage ist eine in roter (red) Farbe angebrachte Erklärung vorgeschrieben, die darauf hinweist, dass die offizielle Prüfung dieses Dokumentes durch die SEC noch nicht abgeschlossen ist. Mit „red herring" (roter Hering) bezeichnet man im Englischen für gewöhnlich ein Ablenkungsmanöver. Wilddiebe benutzten angeblich durch Pökeln rotgewordene Heringe, um den Geruchssinn von ihnen nachsetzenden Spürhunden in die Irre zu führen.

Redlining: In den Jahren, bevor amerikanische Banken begannen, Subprime Loans auszugeben, wurden diejenigen Stadtteile mit rotem (red) Stift umrandet (outlining), die man für die Vergabe von Immobilienfinanzierungen als ungeeignet einstufte. Mit der Vergabe von Subprime Loans riss man diese Grenzen einfach ein und reichte auch an Kreditnehmer mit verminderter Bonität Darlehen aus. Auf amerikanische Banken war zuvor über Jahre hinweg durch Protestaktionen und Klagen wegen Diskriminierung Druck ausgeübt worden. Die Gabe von Hypothekenkrediten an finanzschwache Schuldner galt dann bis zur großen Finanzkrise als fortschrittliches und wegweisendes Verhalten.

Registered Trademark (®): Gesetzlich geschütztes Patent oder Warenzeichen im angloamerikanischen Raum. Damit sollen Patent- oder Markenpiraten davon abgehalten werden, diese Ware oder dieses Warenzeichen nachzuahmen.

Regulatory Arbitrage: Die Verlagerung der Geschäftstätigkeit von Banken und Kapitalsammelstellen in Länder, die einer schwächeren Kapitalmarktaufsicht unterliegen.

REIT → Real Estate Investment Trust

Relative Strength Index (RSI): Dieser „Index der relativen Stärke" ist ein bedeutender Indikator der technischen Aktienanalyse. Er wurde 1978 von Wallace Wilder entwickelt und zeigt auf, inwieweit Wertpapiere als überkauft oder überverkauft anzusehen sind.

Repackaging: Zum einen das Weiterreichen von Risiken an fremde Investoren durch die Verbriefung in Wertpapiere. Ein konkretes Beispiel sind die ABS oder MBS, durch welche die Risiken aus Subprime Loans an fremde Kapitalanleger weitergegeben wurden. Zum anderen das Abändern der Vertragsbedingungen und Laufzeiten von Anleihen.

Research and Development (R&D): Forschung und Entwicklung. In technologiebasierten Firmen oft als Bezeichnung für den entsprechenden Unternehmensbereich verwendet.

Residential Mortgage Backed Securities (RMBS): Mortgage Backed Securities, die durch Hypothekarkredite auf private Wohnimmobilien oder private selbst genutzte Wohnimmobilien gedeckt sind. Siehe hierzu auch die Erläuterungen zu den Asset Backed Securities und Mortgage Backed Securities.

Retail Banking: Bankgeschäfte mit Privatkunden, wie die Entgegennahme von Spareinlagen, der Abschluss von Konsumentenkrediten, die Ausgabe von überschaubaren Hypothekenkrediten sowie die Führung von Lohn- und Gehaltskonten.

Reverse Split: Das Gegenteil eines Splits, es werden mehrere Aktien oder andere Wertpapiere einer Gesellschaft wieder zu einer Aktie oder einem Wertpapier zusammengefasst.

Revised American Foreign Trade Definitions (RAFTD): Diese überarbeiteten Vereinbarungen des amerikanischen Außenhandels wurden 1941 von der nordamerikanischen Handelskammer in Zusammenarbeit mit Wirtschaftsverbänden der Export- und Importindustrie aufgestellt. Sie sind gleichsam eine Weiterentwicklung der schon seit 1919 bestehenden American Foreign Trade Defintions.

Ring of Fire: In der Sprache der Rohstoffanalysten und Geologen die am Pazifischen Feuergürtel gelegenen Länder. Der Pazifische Feuergürtel ist ein Band von Vulkanen, das sich über weite Strecken rund um den Pazifik findet. Üblicherweise gibt es in den dort gelegenen Ländern, wie Teilen der USA (Kalifornien, Alaska), Mexiko, Chile oder Papua-Neuguinea, reiche Rohstoffvorkommen aufgrund starker Plattenbewegungen in der Vergangenheit. So gibt es dort beispielsweise große Lagerstätten, in denen Kupfer, Gold oder auch Silber abgebaut werden können.

Rising Star: Im Jargon der Investmentbanker ein Unternehmen, für das man in der Zukunft noch großes Entwicklungspotenzial sieht. Der Terminus findet sich auch in dem von der Boston Consulting Group entworfenen Schema zur Charakterisierung der Marktanteils- und Marktwachstumsphasen von Unternehmen.

Risk-off: Risikomeidendes Handeln von Investoren, meist bei Konjunktureinbrüchen, Katastrophen oder schlechten Nachrichten aus bestimmen Wirtschaftssektoren.

Risk-on: Risikofreudiges Verhalten einer großen Gruppe von Investoren. Üblicherweise findet sich dieses Verhalten während eines Konjunktur- oder Börsenaufschwungs.

Risk Taker: Privatpersonen oder Unternehmen, die sich bereitwillig und ohne Scheu auf gewagte Finanzgeschäfte einlassen.

RMBS → Residential Mortgage Backed Securities

Road Blocking: Eine Haltung, die zur Verhinderung eines Vorhabens oder eines Plans führt. So kann beispielsweise die Absperrung (blocking) einer Straße (road) während eines

Streiks dazu führen, dass eine bestreikte Firma den Forderungen der Streikenden nachgeben muss.

Road Show: Die Tour der Unternehmensleitung und der Investor Relations Manager durch verschiedene Länder oder an unterschiedliche Finanzzentren, um Investoren für einen Börsengang oder eine Kapitalerhöhung zu werben.

Robber Barons: Im Mittelalter galten Adelige, die von Reisenden und Kaufleuten unzulässig Zölle oder Wegegeld erpressten, als Raubritter (robber baron). Im modernen Jargon der Finanzwelt werden so Spekulanten tituliert, die sich mit unredlichen Finanzgeschäften sehr schnell große Vermögen aneignen.

Rolling Stock: Einfach zu befördernde Anlagegüter wie Baumaschinen, Schienenfahrzeuge oder Lastkraftwagen. Übrigens eignen sich diese Anlagegüter besonders gut für traditionelle Fremdkapitalfinanzierungen wie Leasing oder auch Kreditfinanzierungen, da ihre Beschädigung oder ihr Ausfall durch den Kreditgeber mit gewöhnlichen Vollkasko- oder auch Transportversicherungen abgesichert werden kann.

Rollover Credit: Ein längerfristiges Darlehen, dessen Zinssatz zumeist in einem Zyklus von sechs Monaten gemäß der Marktentwicklung neu kalkuliert wird. Diese Form des Darlehens wird vorrangig an Großunternehmen oder Staaten ausgereicht.

Round Lot → Odd Lot

Round Table Conference: Verhandlung am runden Tisch. Die entsprechende Sitzordnung soll den Teilnehmern signalisieren, dass alle miteinander auf Augenhöhe reden. Als Grundgedanke schon in der Legende von König Artus zu finden, dessen „Ritter der Tafelrunde" auf diese Art Rat gehalten haben sollen.

Round Trip: Eine Finanztransaktion, bei der ein Wertpapier zuerst gekauft und dann wieder verkauft wird. Solche Aktionen erfolgen meist in einem gewissen Zeitraum aus steuerlichen Gründen.

Round-up: Zusammentreffen wichtiger Entscheidungsträger aus Wirtschaft oder Politik in wiederkehrenden Zeiträumen. Der Begriff entstammt der Zeit des Wilden Westens, als die Rinderherden alljährlich zusammengetrieben (round up) wurden, um nachzuprüfen, ob auch alle Tiere mit einem Brandzeichen versehen waren. Bei dieser Gelegenheit wurden die Jungtiere, die noch kein Brandzeichen aufwiesen, regelmäßig mit dem Brandzeichen ihres Eigentümers gezeichnet.

RSI → Relative Strength Index

Run: Panikartiger Ansturm auf eine Bank oder eine andere Kapitalsammelstelle durch ihre Anleger, in der Hoffnung, trotz tatsächlicher oder vermeintlicher Zahlungsunfähigkeit dieser das anvertraute Geld doch noch wiederzubekommen.

Rundown: Die Aufstellung der noch erhältlichen Anleihen einer Serienanleihe im Rahmen einer groß angelegten Emission.

Running ahead: Eine für Börsenhändler in den USA und Europa nicht erlaubte Finanztransaktion. Dabei kauft oder veräußert ein Börsenhändler in Vorkenntnis schlechter Nachrichten über ein Unternehmen oder einen Fonds ein Wertpapier, bevor er die ihm obliegenden Kundenaufträge durchführt.

Run-off: Im Jargon der Versicherungswelt der Zeitraum der Abwicklung von Versicherungsverträgen, wenn ein Versicherer kein Neugeschäft mehr eingeht.

Run-up: Ein besonders steiles Anziehen des Preises für ein Wertpapier oder des gesamten Wertpapiermarktes bzw. eines seiner Segmente. Solche Run-ups entstehen oft durch positive Nachrichten oder durch das Aufspringen auf von Großinvestoren vorgegebene Trends.

Rush for the Exit: Simultanes Verhalten von meist institutionellen Investoren bei schlechten Nachrichten an der Börse. So versuchen derartige Kapitalanleger dann meist nahezu gleichzeitig, sich von Wertpapieren zu trennen, die sie als besonders risikobehaftet ansehen. Die Abwärtsspirale an den Kapitalmärkten wird durch dieses Verhalten oft beschleunigt.

SAFE → State Administration of Foreign Exchange

Sale-and-Leaseback: Eine spezielle Art des Leasings. Dabei wird ein Vermögensgegenstand von einer privaten oder juristischen Person an eine Leasinggesellschaft verkauft, um ihn anschließend zur Nutzung wieder zurückzuleasen. Diese Ausgestaltung kann für den Leasingnehmer steuerliche Vorteile bringen und seine Liquidität erhöhen.

Sallie Mae: Spitzname für die SLM Corporation, ein halbstaatliches Finanzinstitut, das gegründet worden war als Student Loan Marketing Association (SLMA). Diese Organisation verkauft vom Staat durch Bürgschaften besicherte Anleihen an Geldgeber, um mit den dadurch eingesammelten Finanzmitteln im Gegenzug Banken Studiendarlehen abzukaufen. So trägt sie wesentlich zur Refinanzierung von Studiendarlehen in den USA bei.

Sandhill Road: Eine Straße im Menlo Park, Kalifornien, nicht weit entfernt von der wohlhabenden Eliteuniversität Stanford. Die Straße zeichnet sich durch eine sehr starke Ansammlung von Risikokapitalgebern (Venture Capitalists) aus, die in den Feldern der Biotechnologie, der Reinraumtechnologie, des Internets, der Elektronik und der Telekommunikation tätig sind. Dadurch ist die Sandhill Road zu einem Inbegriff für die amerikanische Venture-Capital-Branche geworden, ebenso wie die Wall Street als das Wahrzeichen der amerikanischen Hochfinanz gilt.

Santa Claus Rally: Die Erscheinung, dass die Börsenkurse von Wertpapieren kurz vor Weihnachten (Santa Claus = Weihnachtsmann) oder dem Jahresende noch einmal steigen. Auch Year-End Rally genannt.

Saving Banks: Sparbanken oder Sparkassen in England oder den USA. In den ländlichen Gebieten der USA weisen viele dieser Kreditinstitute Merkmale auf, die sie mit deutschen Kreditgenossenschaften bzw. Genossenschaftsbanken vergleichbar machen.

Saving Gut: Dieser Ausdruck lässt sich am besten als Sparschwemme oder Sparüberschuss beschreiben. Er wurde in den Berichten der amerikanischen Notenbank FED während der Zeispanne eines ausgeprägten Konsumverzichts großer Teile der amerikanischen Bevölkerung in den Jahren von 2008-2009 mehrfach benutzt, um die Problematik einer zunehmenden Sparneigung aufzuzeigen. Der gegenwärtige amerikanische Notenbank-Chef Ben Bernake hat diesen Begriff sehr oft in Vorträgen als Begründung benutzt, warum er seine QE-Rettungsprogramme durchführen muss.

Scalping: In der Wirtschaftssprache die Handlungsweise gewisser Ratgeber, Reporter oder Vermögensverwalter, preisgüngstig Aktien zu erwerben und durch scheinbar vorteilhafte Nachrichten deren Notierungen in die Höhe zu treiben. Durch den künstlich erzielten Anstieg des Kurses können die Drahtzieher des Scalping („skalpieren") satte Gewinne einstreichen, während hingegen viele Anleger mittel- bis langfristig herbe Verluste hinnehmen müssen. Scalping gilt in Deutschland als unzulässige Marktmanipulation und wird entsprechend sanktioniert. Eine Übersicht mit weiteren illegalen Börsenpraktiken finden Sie auf Seite 105.

Scout: Im Wilden Westen dienten oftmals Pelzjäger oder Indianer als Fährtenleser (scout), um anhand von Hufabdrücken oder sonstigen Anzeichen flüchtige oder entlaufene Nutztiere aufzustöbern. In der moderen Welt der Finanzindustrie und der Venture-Capital-Branche sollen sogenannte Scouts lukrative Investitionsobjekte aufspüren. Die Personaler kennen eine ähnliche Entsprechung im Talent-Scout, der besonders qualifizierte Mitarbeiter für ein Unternehmen entdecken und anwerben soll.

Scripophily: Das Sammeln historischer Wertpapiere als Freizeitbeschäftigung, vergleichbar mit dem Briefmarkensammeln.

SDRM (Sovereign Debt Restructuring Mechanism): Verfahrensweise beim Umbau der Schulden von Staaten. Konkret ein von der damaligen stellvertretenden Generalsekretärin des Internationalen Währungsfonds, Anne Kruger, unterbreiteter Entwurf eines Insolvenzverfahrensrechtes für überschuldete Staaten. In der gegenwärtigen Diskussion, ob und inwieweit man Staaten, die der Europäischen Währungsunion angehören, diese Möglichkeit eröffnen soll, gewinnt dieser Vorschlag zunehmend an Aktualität.

SEC → Securities and Exchange Commission

Secondary Public Offering: Auch „öffentliche Zweitplatzierung" genannt. Dabei bieten Altaktionäre einer börsennotierten Gesellschaft ihre Anteile gleichzeitig öffentlich zum Kauf an, meist unter dem aktuellen Börsenkurs, um Kaufanreize für die Erwerber zu schaffen.

Second Economy: Sogenannte Schattenwirtschaft. In Europa und den USA ist damit der Teil der Nationalökonomie gemeint, der keine Steuern abführt und nicht oder nur teilweise erfasst ist. In Afrika hat der Begriff der Second Economy teilweise eine andere Bedeutung. Dort steht er für Wirtschaftsbereiche, die nur durch die Unterstützung des Staates, gemeinnütziger Organisationen oder von Familienangehörigen am Leben erhalten werden.

Securities and Exchange Commission (SEC): Aufsichtsbehörde des Kapitalmarkts der USA, die den gesamten dortigen Wertpapiermarkt überwacht. Sie hat ihren Sitz in Washington, D.C. und wurde 1934 mit dem Securities Exchange Act gegründet als Antwort auf das schwere Einknicken der New Yorker Börse im Jahr 1929. Jedes Unternehmen, das an einem amerikanischen Wertpapiermarkt gelistet werden möchte, muss sich bei der SEC eintragen lassen und muss ihren Anforderungen und Weisungen genügen. Da die SEC zur Durchsetzung ihrer Aufgaben legislative, judikative und exekutive Vollmachten zustehen, wird sie oft scherzhaft, aber mit einem respektvollen Unterton, als die vierte Gewalt oder auch als Octopus tituliert.

Seed Financing: Die zweite Stufe der Risikokapital-Finanzierung von mit VC aufgezogenen Firmen. In der Regel dienen diese Mittel der Produktentwicklung oder anderen Maßnahmen der Forschung und Entwicklung in diesem Zusammenhang.

Sell: Verkaufsempfehlung eines Analysten. Siehe die Übersicht Seite 233.

Sell on good News: Dieser Spruch zählt zu den sogenannten Börsenweisheiten. Man soll demnach verkaufen, wenn es gute Nachrichten gibt, also die Gunst der Stunde nutzen.

Sell-Side Analysts: Dieser Gattung von Wertpapieranalysten obliegt im Auftrag von Kapitalsammelstellen oder Ratingagenturen die Einschätzung, welche Aktien verkauft werden sollen. Gegenstück: Buy-Side Analysts.

Shake out: Zum einen ein manipulatives Vorgehen, bei dem der Wert eines Wertpapiers durch Gerüchte oder Andeutungen vermindert wird. Zum anderen, in der Volkswirtschaftslehre, ein Prozess der ökonomischen Auslese, bei der die nicht mehr wettbewerbsfähigen Firmen eines Wirtschaftszweiges aus dem Markt herausfallen.

Shareholder Value: Der Wert (value) oder Nutzen eines Wertpapiers für den Anleger und Eigentümer. Naturgemäß hat der Anleger (shareholder) vor allem ein Interesse an möglichst hohen Ausschüttungen und Kurssteigerungen. Vergleiche → Stakeholder Value.

Shark → Raider

Shark Repellent: Ein Schutzschild zur Vermeidung feindlicher Übernahmen. Durch den Erwerb teurer Vermögensgegenstände, die Ausgabe neuer Anteilsscheine oder die Erhöhung der Zahl der zu einer hohen Abfindung berechtigten Führungskräfte soll eine feindliche Übernahme besonders schwierig gemacht werden. Kritiker sehen in solchen Strategien allerdings eine Benachteiligung der Eigentümer gegenüber den Führungskräften eines Unternehmens. Eine Übersicht mit weiteren Abwehrstrategien finden Sie auf Seite 112.

Shogun Bonds: In Japan von ausländischen Finanzinstituten ausgegebene Anleihen in Währungen, die nicht auf Yen lauten. Eine europäische Bank, die in Japan Eurobonds ausgibt, verkauft daher Shogun Bonds.

Short Sale: Sogenannter Leerverkauf von Aktien. Damit ist gemeint, dass ein Spekulant Aktien verkauft, die er noch gar nicht erworben hat. Er handelt in der Erwartung, dass die Aktien die er schon veräußert hat, unter den Preis fallen, zu dem er sie verkauft hat; ansonsten erleidet er mit seiner Spekulation einen herben Verlust. Mittlerweile sind solche Spekulationsgeschäfte in vielen Staaten der EU nicht mehr erlaubt.

Showdown: Entscheidende Momente im Wirtschaftsleben, wenn beispielsweise Jahres- oder Quartalszahlen eines börsennotierten Unternehmens von den Entscheidungsträgern bekanntgegeben werden. Der Ausdruck stammt ursprünglich aus dem Pokerspiel und bezeichnet den mit Spannung erwarteten Zeitpunkt, wenn alle Spieler ihre Karten aufdecken müssen.

Shylock: Wucherer, also jemand, der zu Wucherzinsen Geld verleiht. Der Ausdruck entstammt einer Figur aus William Shakespeares Theaterstück „Der Kaufmann von Venedig", in welchem ein skrupelloser Geldverleiher den Namen Shylock trägt. Da das Stück jedoch antisemitische Tendenzen enthält, gilt der Begriff Shylock als politisch nicht korrekt.

Silicon Valley: Der Ort in Kalifornien, der als Herzkammer der amerikanischen Computerindustrie gilt. Silicon Valley wird manchmal auch synonym für die amerikanische PC-Industrie genutzt.

Silver Thursday: Dieser „silberne Donnerstag" ereignete sich am 26. 03. 1980, als der Silberpreis durch das Platzen einer Spekulationsblase um 50 % an Wert verlor. Hervorgerufen war dies durch die texanischen Brüder Nelson Bunker und William Hunt, die über einen längeren Zeitraum den Silberpreis in die Höhe getrieben hatten.

SITC → Standard International Trade Classification

Skimming: Einerseits eine Preisstrategie, bei der zuerst mit einem hohen Preis bei der besonders zahlungskräftigen Klientel gleichsam abgesahnt (skimming) wird, bevor die weniger zahlungskräftigen Kunden das Produkt auf dem Markt erwerben können. Andererseits eine spezifische Form der Internet-Kriminalität. Dabei werden die auf dem Magnetstreifen von EC- und Kreditkarten enthaltenen Daten mit raffinierten Mitteln ausspioniert und auf künstlich erzeugte Karten übertragen, welche dann zum illegalen Erwerb von Waren genutzt werden.

Sleeping Beauty: Firmen, die in den Augen von Übernahmegeiern als „schlafende Schönheiten" bzw. „Dornröschen" gesehen werden, was potenzielle Übernahmeziele meint. Meist verfügen diese Firmen über ein großes Anlagevermögen, dessen Einzelteile in der Summe einen höheren Wert haben als die aktuelle Börsenbewertung des Unternehmens ausmacht.

Sleepy: Ein Optionsschein, der auf den Kurs eines Derivates oder eines Indizes begeben wird. In den Optionsscheinbedingungen des Sleepy ist eine Kursspanne angegeben. Wenn der

Bezugskurs bis zum Ende der Laufzeit oder am Ende der Laufzeit innerhalb dieser Spanne bleibt, dann erhält der Besitzer der Option eine festgelegte Rückzahlung. Selbst wenn der Kurs aus der Spanne herausfällt, erhält der Besitzer immerhin noch eine Rückzahlung in Höhe des Sleepy-Betrages. Der Sleepy ist also ein Optionsschein mit Sicherheitsnetz.

SLMA / SLM Corporation → Sallie Mae

Small-Caps: Unternehmen mit einer Marktkapitalisierung von weniger als 500 Mio. EUR oder USD.

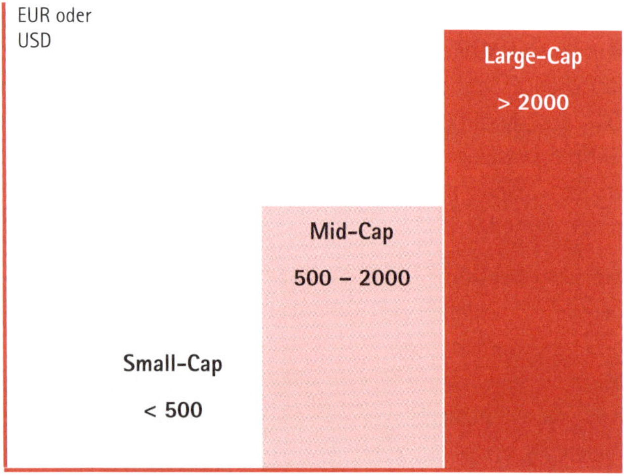

Unternehmensklassen mit ihrem jeweiligen Umsatz

Smart Grid: Sogenannte lernfähige Stromnetze, die zukünftig in der Lage sein sollen, zeitnah und effektiv auf Änderungen bei Stromangebot und Stromnachfrage reagieren zu können. Gerade in der aktuellen Diskussion um Möglichkeiten einer flexiblen Einspeisung regenerativer Energien in unsere Stromnetze gewinnen solche Denkansätze an Gewicht.

Smart Money: Bezeichnet in der Fachsprache der Risikofinanzierer den Umstand, dass Gründern oder Pionieren nicht nur Geld (money) bereitgestellt wird, sondern mindestens ebenso wertvolles Know-how (smart = intelligent).

Smokestack Industry: Branchen wie die Automobilindustrie, die Stahlindustrie und Teile der Maschinenbauindustrie, also Sektoren der Wirtschaft, deren Wachstumschancen der Vergangenheit angehören.

Soft Landing: Eine sogenannte sanfte Landung in der Sprache der Volkswirte. Dies meint eine allmähliche Abkühlung der Wirtschaft im Anschluss an eine Hochkonjunkturphase. Das Soft Landing ist geprägt von einem geringen, doch stetigem Wirtschaftswachstum und einer verhältnismäßig niedrigen Arbeitslosenquote.

Soft Skills: Im Fachvokabular der Personalmanager all jene Fähigkeiten, die eine erfolgreiche Führung von Mitarbeitern und eine gute Zusammenarbeit mit Kollegen und Vorgesetzten leichter und besser machen.

Soldier of Fortune: Auch Glücksritter genannt. Im Finanzsektor versteht man darunter Privatpersonen, die danach trachten, durch riskante Spekulationen zu einem ansehnlichen Vermögen zu gelangen.

South Sea Company (SSC): Die so genannte Südsee-Blase begann mit der vom englischen Parlament im Jahre 1711 beschlossenen Gründung der Südsee-Gesellschaft SSC. Die Idee zur Gründung der Gesellschaft ging vom Grafen von Oxford aus. Gegen Übernahme der Heeresobligationen und anderer Schuldverschreibungen des britischen Staates erhielt die SSC das Handelsmonopol mit der Südsee und Südamerika. Zwischen 1711 und 1720 konnten Investoren spekulative Gewinne von bis zu 800 % machen, bis es in der zweiten Jahreshälfte des Jahres 1720 zum Zusammenbruch der Gesellschaft kam. Während viele Anleger Geld verloren hatten – etliche davon hatten sich sogar ruiniert – war es dem britischen Staat gelungen, einen Großteil seiner Staatsschulden mit Hilfe dieser Firma abzubauen. Jedoch litt wie in Frankreich nach dem Mississippi-Bubble das Ansehen des Staates und der britischen Banken unter diesem Vorfall und viele Anleger transferierten ihr Vermögen in die Niederlande. Dort trugen diese Finanzmittel erheblich zum wirtschaftlichen Aufstieg des Landes bei.

Sovereign Wealth Funds (SWF): Hoheitlicher Vermögensfonds, das sind die in der Presse oft erwähnten Staatsfonds Chinas, der arabischen Golf-Staaten, Russlands sowie einiger weiterer asiatischer und afrikanischer Staaten. Diese Kapitalsammelstellen erhalten Zuflüsse aus den Einnahmen durch den Verkauf von Erdöl oder anderen Rohstoffen oder aus

Exportüberschüssen ihres Landes und gewinnen als bedeutende institutionelle Anleger immer mehr an Gewicht.

S&P 500 → Standard & Poor's Index

Spam: Lästige oder gar als belästigend empfundene E-Mails. In fast allen Fällen enthalten diese unerwünschten elektronischen Nachrichten Werbebotschaften. Ursprünglich war Spam der Markenname (Spam = Spiced Ham = Würzschinken) einer britischen Konservennahrung. Da diese während des 2. Weltkriegs in England, den britischen Stützpunkten und Kolonien als eines der wenigen Lebensmittel, die keiner Rationierung unterlagen, stark angepriesen wurde, entwickelte sich eine gewisse spöttische Ablehnung dieser Ware. Daraus resultiert die herablassende und ablehende Nutzung des Wortes Spam für ungebetene Werbebotschaften in unserer heutigen Zeit.

Special Purpose Company (SPC) / Special Purpose Entity (SPE) / Special Purpose Vehicle (SPV): Juristische Personen, die im angloamerikanischen Rechtskreis mit einer besonderen Absicht eingerichtet werden, man kann sie daher auch als Zweckgesellschaften beschreiben. Sie werden vor allem für strukturierte Finanzierungen benutzt, denn mit ihrer Hilfe können einerseits die Vermögensgegenstände vor Ansprüchen gegen den oder die Anleger geschützt werden. Andererseits können die Anleger mit Hilfe einer solchen Zweckgesellschaft gleichfalls einen Zugriff auf ihre Vermögenswerte abwehren, eine von Fremdkapital bereitstellenden Gläubigern ausgehende potenzielle Bedrohung. Special-Purpose-Gebilde sind bei ABS- und MBS-Finanzierungen fast immer vorzufinden.

Spillover: Die Ausstrahlung von positiven und negativen Effekten ökonomischer Einheiten auf ihre Umgebung. So kann die Anbindung einer Stadt an einen Flughafen durch eine gesteigerte Lärmbelastung negative Spillover-Effekte mit sich bringen. Jedoch kann das durch den Flughafen gestiegene Angebot an Arbeitsplätzen auch als positiver Spillover-Effekt gesehen werden.

S&P Index → Standard & Poor's Index

Spin-off: Ausgliederung. Bei einem Spin-off wird ein Teil eines Unternehmens als eigenständige Firma ausgliedert. So ist etwa Infineon ein Spin-off von Siemens. Die Alteigentümer des ausgliedernden Unternehmens enthalten entweder Geschäftsanteile an der auszugliedernden Firma oder das Recht, solche Geschäftsanteile preisgünstig zu erwerben.

Splitting: Die Aufteilung eines Wertpapiers in mehrere Wertpapiere. Dies kann dem Ziel dienen, den Kurs für ein Wertpapier günstiger zu machen, damit sich Anleger, die nur über geringe finanzielle Mittel verfügen, den Kauf des Papiers leisten können.

Sponsored Buyout: Ein von einer VC- oder Private-Equity-Firma finanzierter Herauskauf von Unternehmenswerten oder Unternehmensteilen, die dann oft von der ehemaligen Geschäftsleitung oder einem Zusammenschluss ehemaliger Mitarbeiter gekauft werden. Das verkaufende Großunternehmen unterstützt danach seine einstmaligen Unternehmensteile weiterhin noch bei Vertriebs- und Marketingaktivitäten, gleichsam wie ein Förderer.

Spot Market: Börsen, an denen sofort gezahlt werden muss. Darum heißen diese Börsen auch Cash Markets oder Kassamarkt. An ihnen werden zumeist Rohstoffe oder physische Gegenstände gehandelt.

Spread: Gleichzeitiger Kauf und Verkauf von Kontrakten, deren Kurse miteinander in Beziehung stehen, sich aber hinsichtlich ihrer Fälligkeit unterscheiden. Durch eine Veränderung in der Kursdifferenz soll hierbei ein Gewinn entstehen.

SPV → Special Purpose Vehicle

Square Deal: Einerseits Präsident Theodore Roosevelts Programm zur Stimulierung der amerikanischen Binnenwirtschaft. Sein Vorhaben beruhte auf drei Säulen: 1. Erhaltung von Rohstoffen und Natur der USA. 2. Überwachung aller Aktiengesellschaften und Konzerne. 3. Erweiterter Verbraucherschutz. Andererseits ein Geschäft, das für beide oder alle einbezogenen Vertragsparteien als vorteilhaft anzusehen ist.

Squeeze out: Vorgehensweise, die es Mehrheitsaktionären erlaubt, Minderheitsaktionäre gegen Barabfindung aus dem Unternehmen „herauszupressen". Das Squeeze out ist in Deutschland ab einem Mehrheitsanteil von 95 % zulässig. Gegenwärtig gibt es Bestrebungen, diesen Anteil zugunsten der Mehrheitsaktionäre auf 90 % abzusenken.

SSC → South Sea Company

Stagging: Bei einem Börsengang einer Aktiengesellschaft, bei dem absehbar ist, dass viele Anleger nicht die von ihnen bestellten Menge an Aktien erhalten werden, geben gewisse

Anleger eine wesentlich größere Zahl an Aktien an, um überhaupt bei der Vergabe von Aktien zum Zuge zu gelangen. Dies bezeichnet man dann als Stagging.

Stakeholder Value: Der Vorteil, den sich zum Beispiel Mitarbeiter oder Lieferanten eines Unternehmens erwarten. Für sie haben eine solide Geschäftsführung und die Sicherheit des Arbeitsplatzes eine höhere Priorität als die Entwicklung des Börsenkurses eines Wertpapieres. Im Gegensatz oder in Konkurrenz zum Stakeholder Value steht der Shareholder Value.

Standard International Trade Classification (SITC): Internationales Warenverzeichnis für den Außenhandel, ein Verfahren zur Einstufung von Handelswaren im Rahmen der Außenhandelsstatistik. Das System wurde von der UN ausgearbeitet und hat die Aufgabe, die Warenströme zwischen unterschiedlichen Ländern messbar zu machen.

Standard & Poor's Index (S&P Index): Ein sehr umfassender Aktienindex des amerikanischen Wertpapiermarktes, in dem zwischen 100 und 500 Aktienwerte enthalten sind, die nach einem aussagekräftigen Querschnitt gewichtet sind. Am bekanntesten ist der S&P 500, der die 500 größten an amerikanischen Kapitalmärkten gehandelten börsennotierten Unternehmen abbildet.

Standby Credit: Ein Kredit, der Ländern mit eingeschränkter oder fehlender Zahlungsfähigkeit vom Internationalen Währungsfonds oder von Zentralbanken gewährt wird, um deren Zahlungsunfähigkeit zu verhindern.

Star Ranking: Ein vom amerikanischen Finanzdienstleister Standard & Poor's entwickeltes Prognoseinstrument, mit dem die Analysten dieses Unternehmens ergründen, wie sich eine bestimmte Aktie ihrer Ansicht nach innerhalb der nächsten 6-12 Monate im Vergleich zum S&P 500 Index entwickeln wird.

Stars: Mit Venture Capital geförderte Unternehmen wie z. B. Facebook, die sich bewundernswert erfolgreich entwickeln.

Start-up: Unternehmen in der Gründungs- oder auch Start-Phase, in der VC-Philosophie auch Unternehmen, die am Anfang ihres Wachstumszyklus stehen.

State Administration of Foreign Exchange (SAFE): Die chinesische Behörde für Währungsmanagement und Devisenbewirtschaftung des Staates. Fachleuten zufolge befinden sich auf den Konten der SAFE Devisenreserven von nahezu 2,5 Billionen USD.

Stock Deal → Asset Deal

Stock Options: Auch Aktienoptionen genannt. Mit ihnen können Führungskräfte und Angestellte einer börsennotierten AG oder einer Firma, die den Börsengang anstrebt, am Erfolg des Unternehmens teilhaben, was als Leistungsanreiz eingesetzt wird.

Stock Picking: Eine Aktienanlagestrategie, die gewisse Aktien herausfiltert, welche sich scheinbar besser entwickeln als der Gesamtmarkt, d. h. der Aktienmarktindex.

Stop-buy Order: Ein Kaufauftrag, der vorschreibt, dass ein Wertpapier zu dem nächstmöglichen Preis zu kaufen ist, sobald der Kurs dieses Wertpapiers eine bestimmte Preis-Hürde genommen hat.

Stop-loss Order: Ein Verkaufsauftrag, der vorschreibt, dass ein Wertpapier zum bestmöglichen Preis zu veräußern ist, sobald der Kurs dieses Wertpapiers eine bestimmte Wertgrenze unterschreitet.

Straddle: Eine Optionsstrategie, der Kauf oder Verkauf einer gleichen Zahl von Kauf- (Calls) und Verkaufsoptionen (Puts) auf den gleichen Basiswert bei gleichen Basispreisen und gleicher Laufzeit.

Strangle: Eine Optionsstrategie ähnlich dem Straddle. So wird auch der Strangle mit einem Call und einem Put gebildet, jedoch mit unterschiedlichen Basispreisen bei gleicher oder auch verschiedener Laufzeit.

Street Sweep: Anlagestrategie, bei der die Aktien eines Zielunternehmens, meist zum Zweck der Übernahme, schnell aufgekauft werden sollen, bevor noch Abwehrmaßnahmen möglich sind.

Street Value: Der Wert, den ein Vermögensgegenstand wie ein Edel- oder auch ein Buntmetall auf dem Schwarz- oder Graumarkt besitzt. In den Zeiten der Rohstoff-Hausse lässt sich beispielsweise feststellen, dass in zunehmendem Maße Kabel, die Kupfer enthalten, entwendet werden, weil Kupfer von gewissen Händlern zu verhältnismäßig hohen Preisen aufgekauft wird.

Stress Test: Eine Modellrechnung oder das Durchspielen eines Szenarios, um festzustellen, inwieweit Länder oder Banken in ihrer gegenwärtigen wirtschaftlichen Verfassung schwierige Marktsituationen meistern können. Beispielsweise hat die EU alle größeren europäischen Banken einem Stress Test unterzogen, um zu überprüfen, ob diese mit ihrer derzeitigen Ausstattung an Eigenkapital schwierige wirtschaftliche Lagen bestehen könnten. Etliche Banken der EU haben diesen Stress Test nicht bestanden.

Stripping: Das Zerlegen einer Anleihe in die ursprüngliche Anleihe und die Zinsscheine. Dadurch können beide Bestandteile an der Börse getrennt voneinander gehandelt werden.

Strong Buy: Im Wortschatz der Wertpapieranalysten eine ausgeprägte Empfehlung zum Kauf eines Wertpapiers. Siehe die Übersicht Seite 233.

Subprime Crisis: Als sich im Frühjahr 2007 auf dem nordamerikanischen Markt für Hypothekenkredite mit geringer Bonität die Zahlungsausfälle häuften, führte das in der Folgezeit zu erheblichen Neubewertungen von Krediten und schließlich sogar zur Schieflage der großen Hypothekenfinanzierer in den USA. Da die Refinanzierung der nordamerikanischen Hypothekenkredite auf den internationalen Finanzmärkten in Form von Kreditverbriefungen stattfand, schwappte die Krise auch auf die Finanzmärkte und das Bankensystem der anderen Industrieländer über. Nur durch das beherzte Eingreifen aller Regierungen der G8/G20 konnte die globale Finanzkrise eingedämmt werden. Um zu verstehen, warum die Zahlungsunfähigkeit einer verhältnismäßig kleinen Zahl von Kreditnehmern das amerikanische Finanzsystem bis an den Rand des Abgrunds gebracht hat, muss man sich vor Augen führen, dass die Amerikaner ein völlig anderes System der Besicherung kennen als beispielsweise die Europäer.

Während in Europa ein Hypothekenkreditnehmer nicht nur mit der Immobilie haftet, sondern auch persönlich und unbeschränkt, ist die Haftung des amerikanischen Hypothekenkreditnehmers meistens lediglich auf die Immobilie begrenzt. Sobald die Immobilie zwangsversteigert oder ihm von der Bank entzogen wird, ist er schuldenfrei und muss auch keinen Offenbarungseid leisten. Zur Beitreibung der Schulden steht der Bank lediglich die Immobilie zur Verfügung. Wenn diese nicht verwertbar ist, ist damit auch das ausgeliehene Geld verloren.

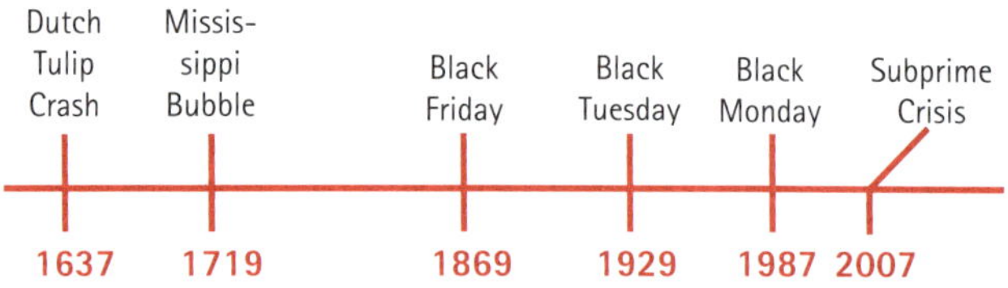

Bedeutende Crashs und Wirtschaftskrisen

Suicide Pills: Eine Abwehrstrategie gegen feindliche Übernahmen. Die zugehörigen Maßnahmen machen die Lage der Gesellschaft in der Situation der Übernahme so unhaltbar, dass sich die Firma auflösen müsste, um ihnen nachzukommen. Beispielsweise kann dies eine Vorschrift sein, dass im Falle einer feindlichen Übernahme die Aktionäre das Recht haben, ihre Eigenkapitalanteile in Verbindlichkeiten gegenüber dem Unternehmen umzuwandeln. Eine Übersicht mit weiteren Abwehrstrategien finden Sie auf Seite 112.

Sunk Costs: In der Vergangenheit getätigte Ausgaben oder entstandene Verluste, die durch keine Maßnahme mehr rückgängig gemacht werden können und die dem Unternehmen auch nicht zum Nutzen gereicht haben.

Sun Spots: Das Phänomen, dass immer wieder bestimmte Ereignisse als für wirtschaftliche Vorgänge relevant bezeichnet werden, obgleich es dafür keinerlei wissenschaftlich stichhaltige Belege gibt. So behaupten einige amerikanische Wirtschaftsjournalisten, dass sie einen Zusammenhang zwischen den Ergebnissen des Superbowls (Meisterschaftsspiel im amerikanischen Football) und den Kursentwicklungen an der Wall Street nachweisen können.

Suspended: Bedeutet in der Sprache der Finanzanalysten, dass die Bewertung eines Wertpapiers oder eines Landes derzeit nicht durchführbar ist.

Swap: Man unterscheidet allgemein zwischen Währungs-Swaps und Zins-Swaps. Bei ersteren werden Verbindlichkeiten in verschiedenen Währungen getauscht, einschließlich der Zinszahlungen. Bei letzteren tauschen Schuldner feste gegen variable Zinsverpflichtungen.

Sweet Equity: Unternehmensanteile, die ein Gründer einer Firma von einem Business Angel oder einer VC-Firma als

Belohnung für seine Bemühungen gleichsam wie ein Bonbon (sweets) erhält, meist in Form von Aktien. Häufig wird vom Gründer oder den Gründern erwartet, dass sie diese Anteile bei einem Börsengang oder bei der Veräußerung der Firma an einen industriellen Investor auch mit verkaufen.

Sweetheart Deal: Ein Angebot, das ein Unternehmen dem anderen während einer Fusion oder dem Verkauf einer Firma unterbreitet und das so vorteilhaft ist, das es nicht abgelehnt werden kann.

SWF → Sovereign Wealth Funds

SWIFT (Society for Worldwide Interbank Financial Telecommunication): Eine in Brüssel ansässige Firma, die eine Schlüsselstellung bei der Weitergabe von Bankdaten beim Auslandzahlungsverkehr der Banken innehat. Die Träger der SWIFT sind mehrere Tausend Kreditinstitute aus nahezu 100 Ländern. Ohne die Existenz der SWIFT wäre die Abwicklung des internationalen Geschäftsverkehrs der Banken wesentlich mühseliger.

Tangible Asset: Vermögenswerte mit greifbaren Eigenschaften, wie Gebäude, Maschinen oder Arbeitskleidung. Ihr Gegenteil sind die Intangible Assets.

Tape Racing: Eine ungesetzliche Handlungsweise, bei der ein Wertpapierberater aus einem Großauftrag eines Mandanten Nutzen zieht, indem er zunächst ein Geschäft auf eigene Rechnung abwickelt, bevor er die Order des Mandanten durchführt.

TARGET2 (Trans-European Automated Real-time Gross Settlement Express Transfer System 2): Eine Art von Girokonto, das die Deutsche Bundesbank für die Geschäfts- und Zentralbanken der am Europäischen Währungssystem beteiligten Länder eingerichtet hat.

TARP → Trobled Assets Relief Program

Task Force: In der Wirtschaft ein Expertengremium, das eigens zur Bewältigung einer schwierigen Aufgabe zusammengestellt wurde. Beispielsweise könnte man eine Einheit, die Finanzprobleme eines Mitgliedslandes der EU lösen soll, als Task Force bezeichnen.

Tax Cuts: Bedeutet schlicht Steuerkürzungen.

Tax Haven: Eine Steueroase. Das sind Orte oder Länder, die Unternehmen oder Privatpersonen niedrige Einkommens- und Körperschaftssteuern anbieten. In manchen dieser Steueroasen haben Unternehmen sogar die Möglichkeit, die Steuerbelastung regelrecht auszuhandeln. Inwieweit dies noch ethisch vertretbar ist, stellt allerdings eine andere Seite dar.

Tax Umbrella: Steuerlich relevante Verlustvorträge, die Unternehmen zur Aufrechnung mit noch zu erzielenden Gewinnen über längere Zeit nutzen können.

TBTF → Too big to fail

Tea Party Movement: Eine konservative Strömung der US-amerikanischen Politik, die vehement für radikale Schritte zum Schuldenabbau beim amerikanischen Staatshaushalt eintritt. So fordert sie beispielsweise massive Kürzungen im

Sozialhaushalt. Sie wehrt sich gegen jedes Vorhaben zur Erhöhung von Steuern und verlangt im Gegenteil sogar deutliche Steuersenkungen. Durch ihre Namenswahl zeigt diese politische Gruppierung auf, dass sie ihre Anliegen ebenso konsequent zu verfolgen gedenkt wie einst diejenigen amerikanischen Siedler, die im 18. Jahrhundert als „Boston Tea Party" den Unabhängigkeitskrieg mit der Kolonialmacht England auslösten. Dieser begann mit der Erstürmung britischer Handelsschiffe, die Tee (tea) geladen hatten.

Teaser Rates: Sogenannte Lockzinsen. In Phasen der wirtschaftlichen Depression sollen diese sehr niedrigen Zinsen auf Fremdkapital Investoren gleichsam anziehen und zur Kreditaufnahme verleiten.

TER → Total Expense Ratio

Term Federal Funds: Entspricht in der deutschen Finanzsprache dem Ausdruck „Termingelder".

TEU → Twenty-Foot Equivalent Unit

Threadneedle Street: Die Straße, in der die britische Notenbank ihren Sitz hat. Daher wird dieser Topos auch stellvertretend für die Bank of England oder auch das britische Pfund genutzt.

Tick: Die kleinstmögliche Schwankung eines Wertpapierkurses.

Time Lag: In der Volkswirtschaftspolitik die Zeitspanne, die zwischen dem Ergreifen einer wirtschaftspolitischen Maßnahme und dem Erreichen des angestrebten Ziels vergeht.

Time Spread → Horizontal Spread

Timing: Bezeichnet die Gabe oder die Strategie, den richtigen Zeitpunkt für den Kauf oder Verkauf von Wertpapieren zu finden.

Tin Parachute: Eine Vereinbarung, die gleichsam als Sicherheitsnetz für einfache Arbeitnehmer dient, wenn diese ihren Arbeitsplatz durch eine feindliche Übernahme verlieren. Im Gegensatz zum Golden Parachute für Führungskräfte verbrieft der Tin Parachute einfachen Arbeitnehmern rechtsverbindliche Abfindungszahlungen und Sozialversicherungsleistungen. Der Tin Parachute kann daher auch als Schutzschild zur Abwehr feindlicher Übernahmen angesehen werden, denn er bürdet dem Übernahme-Geier hohe finanzielle Lasten auf. Eine Übersicht mit weiteren Abwehrstrategien finden Sie auf Seite 112.

TM → Trademark

Tobin Tax: Eine vom US-Finanzwissenschaftler James Tobin vorgeschlagene Steuer. Durch Belastung der kurzfristigen Devisentransaktionen mit beispielsweise 0,05 % verspricht dieser sich die Abnahme solch hochspekulativer Geschäfte. Kritiker seines Steuervorhabens halten ihm vor, dass seine Steuer nur die Symptome von Ungleichgewichten an den Devisenmärkten, aber nicht die Ursachen bekämpft.

Tokyo Stock Price Index (TOPIX): Ein 1988 am Kapitalmarkt von Japans Hauptstadt Tokio eingeführter Aktienindex, der lange Zeit nicht an den Bekanntheitsgrad des Nikkei 225 Index heranreichen konnte. Mittlerweile wird er aber mit der

Abbildung von nahezu 1700 an der Börse von Tokio gehandelten Aktiengesellschaften von vielen Finanzanalysten als Wertmesser für den japanischen Wertpapiermarkt dem Nikkei vorgezogen.

Tombstone: In der Finanzwirtschaft sind dies Anzeigen in führenden Zeitungen, die eine bereits durchgeführte Ausgabe von Wertpapieren oder eine abgeschlossene Fusion dem Fachpublikum verkünden. Tombstones gelten als bewährte Werkzeuge der Kommunikation im Finanzbereich, die grundsätzlich für alle beteiligten Parteien vorteilhaft und erwünscht sind.

Too big to fail (TBTF): Darunter verstehen die Regierungen der G8 während der seit dem Jahr 2007 anhaltenden Finanz- und Wirtschaftskrise solche Unternehmen, deren Untergang für die Finanzwirtschaft oder den Arbeitsmarkt des Landes außerordentlich schwere Folgen nach sich gezogen hätte. Daher schien es unumgänglich, diese Firmen zu retten, auch wenn dies viele Milliarden Dollar oder Euro kostete. Ein Beispiel für eine solche TBTF-Firma in Deutschland ist die Hypo Real Estate, deren Insolvenz den Zusammenbruch für den organisierten Pfandbriefmarkt in Europa bedeutet hätte.

Top-down Approach: Managementansatz, der Problemlösungen durch eine genaue Betrachtung des Unternehmensaufbaus vom Management bis hin zu den weisungsabhängigen Mitarbeitern durchgeht.

TOPIX → Tokyo Stock Price Index

Topping out: Ein Wertpapier, das den Gipfel seines Kurspotenzials erreicht hat und dem nun der Abstieg droht.

Top Ten: In der Sprache der Bank- und Börsenwelt die zehn begehrtesten Investmentfonds oder die zehn am stärksten gehandelten Aktien.

Torpedo Stock: Eine Aktie, die massiv gefallen ist und den Eindruck erweckt, dass sie noch weiter absinken wird, wie ein von einem Torpedo getroffenes Schiff. Eine solche Aktie fällt rasch, bis sie irgendwann den metaphorischen Meeresboden erreicht, ohne dass man verlässlich sagen könnte, wann das sein wird.

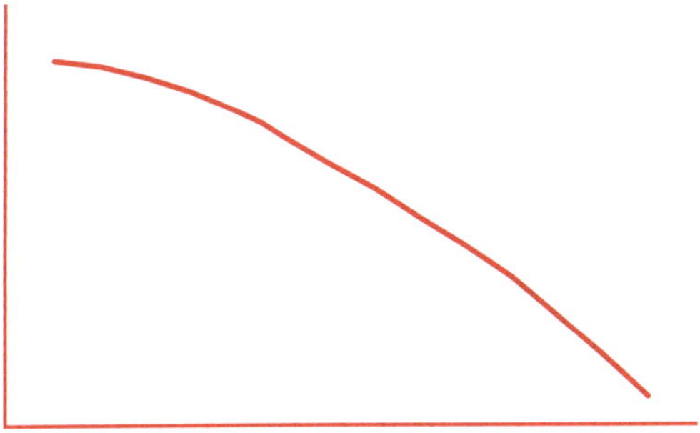

Schematischer Kursverlauf eines Torpedo Stocks

Total Expense Ratio (TER): Auch Gesamtkostenquote genannt. Ein Maßstab für die laufenden Kosten, die in einem Investmentfonds während eines Jahres anfallen. Als wichtige Punkte zählen dabei Aufwendungen für einen Emissionsprospekt, Börsenzulassungen oder Depotgebühren. Grundsätzlich sollte die TER zwischen einem und zwei Prozentpunkten liegen.

Total Return Index: Diese Art von Indizes, zu denen z. B. der DAX gehört, erfassen neben den Kursveränderungen auch die Erträge der Indexwerte, nämlich die Dividendenzahlungen.

Toxic Assets: Wertlos gewordene Wertpapiere, die wie Giftmüll in den Bilanzen vieler Banken auf der ganzen Welt liegen. Zumeist handelt es sich um Spielarten von Mortgage Backed Securities, mit denen Subprime-Loan-Kredite an fremde Investoren auf dem Kapitalmarkt weitergereicht wurden. So wurden riskante Kapitalanlagen auf Investoren und Banken in der ganzen Welt verteilt. Um Bilanzen von diesen „vergifteten" (toxic) Wertpapieren zu reinigen, schuf man nach japanischem und schwedischem Vorbild in Europa und den USA die sogenannten Bad Banks. Diese dienen gleichsam als Endlager für den Giftmüll der Finanzindustrie.

Tracking Stocks: Auch Geschäftsbereichs-Effekten genannt. Statt einer Beteiligung an den laufenden Gewinnen des gesamten Unternehmens gewähren diese Aktien nur eine Teilhabe an den Profiten eines gewissen Bereichs. Nichtsdestotrotz garantieren Tracking Stocks ihren Inhabern die gleichen Aktionärsrechte, wie Beteiligung an Gewinn und Liquidatitionserlös, Stimmrecht auf der Hauptversammlung und das Recht auf Auskunft in wichtigen Angelegenheiten. Allerdings beziehen sich diese Rechte eben nur auf den bezeichneten Geschäftsbereich und nicht auf das ganze Unternehmen. Vor der Emission von Tracking Stocks ist eine Aufteilung und klare Abgrenzung der verschiedenen Bestandteile des Unternehmens zwingend erforderlich. Dazu zählt auch eine getrennte Rechnungslegung für denjenigen Bereich der Gesellschaft, auf den die Tracking Stocks eine Beteiligung am Gewinn verbriefen. In Deutschland nur sehr selten als Instrument der Finanzierung genutzt.

Track Record: Charakterisiert den kaufmännischen Erfolg der Geschäftsleitung eines Unternehmens oder einer Kapitalsammelstelle. Meist beruht ein Track Record auf einer Mehrzahl von erreichten Parametern. Das können beispielsweise eine Umsatzsteigerung, eine Steigerung des Gewinns sowie der Abbau von Unternehmensschulden sein.

Trademark (™): Steht für eine unregistrierte Warenmarke im Vergleich zum eingetragenen Markennamen ®. Der Urheberrechtsschutz ist bei der Kennzeichnung mit ™ sehr eingeschränkt.

Trade Sale: Der Verkauf eines VC-Investments an einen industriellen Investor. So kann die Desinvestition der Unternehmensbeteiligung eines Business Angels oder einer Corporate-Venture-Capital-Gesellschaft nicht nur durch Verkauf an eine Kapitalsammelstelle oder durch einen Börsengang, sondern auch durch Veräußerung an ein Industrieunternehmen erfolgen.

Trade Terms: Handelsklauseln. Zu Beginn des 20. Jahrhunderts erkannte man die Bedeutung weltweit gültiger Handelsklauseln und schuf die Trade Terms. Sie können gleichsam als Vorläufer der heute weltweit anerkannten, von der ICC verfassten Incoterms angesehen werden. Die Tradition solcher zwischen Kaufleuten gebräuchlicher Handelsbräuche reicht bis in das Großbritannien des 17. Jahrhunderts zurück.

Trade Union: Bezeichnung der Gewerkschaften in Großbritannien.

Trading: Kurzfristiger Kauf und Verkauf von Effekten, also Wertpapieren, mit der Absicht, Kursschwankungen auszunutzen und daran zu verdienen.

Trading up: Die Aufwertung oder Ausweitung des Warenangebotes einer Handelsfirma oder eines Geschäftes.

Treasure Hunter: In der Finanzindustrie sind unter solchen „Schatzjägern" mittlerweile Firmen mit Hightech-Ausrüstung zu verstehen, die von risikofreudigen Investoren mit Wagniskapital ausgestattet nach Schätzen auf dem Meeresgrund oder in abgelegenen Gegenden suchen. Manche dieser Expeditionen waren für die Kapitalgeber außerordentlich gewinnbringend, andere hatten für die Anleger einen Totalverlust zur Folge.

Treasury Department: Das Finanzministerium der USA oder auch die Finanzabteilung eines großen Unternehmens.

Trigger: Auch Signallinie genannt. In der Markttechnik, einem Ansatz der technischen Wertpapieranalyse, bezeichnet der Begriff so etwas einen Messfühler. Wenn er überschritten wird, hat dies oft die Empfehlung von Kauf- bzw. Verkaufsorders zur Folge.

Trigger Rate: Zinssatz, dessen Erreichung durch Über- oder Unterschreiten eines Referenzzinssatzes die unumkehrbare Umwandlung eines zinsvariablen in einen festverzinslichen Titel bewirkt.

Triple A → AAA

Triple Witching Day: Auch dreifacher Hexensabbat genannt. Der letzte Handelstag für den Dax-Future, die Aktien und die Dax-Optionen. An dem Namen kann man erkennen, dass sich auch an der Börse noch ein Körnchen Aberglauben bewahrt hat.

Troubled Assets Relief Program (TARP): Programm zur Entlastung von in Schwierigkeiten geratenen Vermögenswerten, ein von der amerikanischen Regierung 2008 während der Finanzkrise aufgelegtes 356 Milliarden Dollar schweres Rettungspaket. Mit dieser Maßnahme sollte amerikanischen Banken die Wahlmöglichkeit eröffnet werden, sich von toxischen Wertpapieren zu befreien. Das TARP gilt als die bedeutendste Maßnahme, die die US-Regierung ergriffen hat, um der Subprime-Krise zu begegnen.

Troy Ounce: Die für Edelmetalle gebräuchliche Gewichtseinheit Feinunze, die 31,1035 Gramm entspricht.

True Sale Securitization: Forderungen einer oder mehrerer Kreditinstitute werden zu einer Einheit zusammengefasst und an eine Special Purpose Company weitergereicht, welche dann Wertpapiere ausgibt. Diese werden anschließend in Tranchen mit unterschiedlichem Risikogehalt am Kapitalmarkt an Investoren verkauft.

Turnaround Stocks: Aktien, die einen erheblichen Kursverlust erlitten haben, nun aber nach Meinung von Investoren oder Analysten vor einem grandiosen Aufstieg oder Wiederaufstieg stehen.

Twenty-Foot Equivalent Unit (TEU): Die gängige Grundgröße für Schiffscontainer, deren Norm auf der ganzen Welt einheitlich angewendet wird.

Tycoon: Industriemagnat. Ursprünglich verwendet in der Ölindustrie, als Oil Tycoon für „Ölbaron". Das Wort stammt aus der chinesischen Sprache, in der Taikun (im Englischen als „tycoon" geschrieben) „großer Führer" bedeutet.

Ultimo-Factoring: Factoring am letzten Tag eines bestimmten Zeitraumes, die Veräußerung einer Forderung an einen Factor für eine außerordentlich kurze Zeitspanne, meist aus Gründen der Bilanzkosmetik oder zur Verbesserung der Kreditwürdigkeit.

Umbrella Funds: Auch Dachfonds genannte. offene Kapitalsammelstellen, die von Ihnen verwaltete Finanzmittel nicht unmittelbar in Wertpapiere anlegen. Vielmehr investieren Dachfonds ihr Kapital vollständig in andere Investmentfonds. Mitunter werden die einzelnen in einem Umbrella Fund befindlichen Fonds auch als Sub-Funds bezeichnet.

UNCTAD (United Nations Conference on Trade and Development): Die von den Vereinten Nationen eingesetzte Organisation zur Förderung von Handel und Entwicklung.

Underlying Asset: Im Derivatehandel der Basiswert, auch Basis-Objekt genannt. Ein Basiswert ist stets die Bezugsgröße eines Derivatgeschäfts oder Terminkontrakts. Bei einem Rohstoffterminkontrakt z. B. über Kakao wäre dies eine bestimmte Menge Kakao von einer gewissen Güte.

Underperformer: Ein Wertpapier, das sich schlechter entwickelt, als es von den Analysten aufgrund seines Potenzials erwartet worden wäre.

Empfehlungen von Finanzanalysten und dazugehörende Begriffe		
Buy: Kaufen	Hold: Halten	Sell: Verkaufen
Outperformer	Market Performer	Underperformer
Overweight	Equal Weight	Underweight
Add	Neutral	Reduce
Longterm Buy	Longterm Hold	Downgrading
Accumulate		
Strong Buy		

Under Review: Bedeutet in der Sprache der Finanzanalysten, dass die Bewertung für ein Wertpapier oder ein Land aktuell geprüft oder verändert wird.

Under the Counter (UTC): Güter, die nicht im offiziellen Handel, sondern sozusagen „unter dem Ladentisch" verkauft werden. In der Bank- und Börsensprache gelten einige Produkte des grauen Kapitalmarktes als UTC-Produkte, wenn diese nicht allgemein erhältlich sind und als undurchsichtig angesehen werden. Gegenteil: Over the Counter.

Underwater: In den USA Bezeichnung für Hypothekenschuldner, deren Kreditschulden den Wert ihrer Immobilie bei weitem überschreiten und die auch sonst keine Mittel haben, um ihre Immobilienschulden weiter zu bedienen. Sie sind metaphorisch gesehen quasi, so die direkte Übersetzung des Wortes, „unter Wasser".

Underweight: Gemäß einer vom Investmenthaus Morgan Stanley 2002 erdachten dreistufigen Skala heißt underweight, dass ein Wertpapier sich schlechter entwickelt als der Markt. Underweight kann im Jargon der Finanzanalysten als Empfehlung aufgefasst werden, ein Wertpapier zu verkaufen. Siehe die Übersicht Seite 233.

Underwriter: Im angloamerikanischen Raum diejenigen Banken oder Wertpapierhandelsunternehmen, die durch den Erwerb der Wertpapiere vor dem öffentlichen Handel den Erfolg einer Emission garantieren.

Unfriendly Takeover: Die Übernahme eines Unternehmens gegen den Willen der Unternehmensleitung, der Belegschaft oder auch der alten Anteilseigner.

Unitary Tax: Eine von Politikern aller großen Industriestaaten gewünschte Abgabe, die als Körperschaftssteuer die weltweit anfallenden Gewinne der multinationalen Konzerne einheitlich abschöpfen soll. Allerdings ist dieses Konzept stets am Widerstand der großen Konzerne gescheitert, die stets beteuern, dass ihre Politik, Gewinne möglichst in Niedrigsteuerländern zu versteuern, auch dem Erhalt von Arbeitsplätzen im Heimatland diene.

Unit of Trading: Die Mindestmenge, die für den Kauf oder Verkauf eines Wertpapiers erforderlich ist, damit das Geschäft abgewickelt wird. Im Bereich der Effekten wird oft eine Mindestgröße von 100 Stück pro Kontrakt gefordert.

Unlimited Liability: Unbeschränkte Haftung eines Geschäftsmannes oder einer Privatperson. Gegenteil: Limited Liability wie bei einer GmbH oder AG.

Unlisted Trading: Der außerbörsliche Wertpapierhandel bzw. der Handel von Wertpapieren im Freiverkehr.

Unsecured Liabilty: In der angloamerikanischen Finanzwirtschaft solche Darlehen, für die dem Gläubiger vom Schuldner keine oder keine nennenswerten Sicherheiten gestellt wurden.

Upgrading: In der Sprache der Finanzanalysten die Verbesserung der Rating-Benotung eines Wertpapiers.

Upmarket: Marktsegment oder Markt für höherwertige Güter bzw. hochqualitative Waren.

Upper Ten Thousand: Auch in der Kurzform „Upper Ten". Steht im angloamerikanischen Raum für die Spitze der Oberklasse, die „oberen Zehntausend". Synonym: High Society.

Upside Risk: Auch Hochzinsfalle genannt. Das Risiko eines Kreditnehmers, dass der Marktzins für Darlehen während der Laufzeit des Kredites unter den mit der Bank vertraglich fixierten und daher juristisch bindenden höheren Zins fällt. Ärgerlich ist dies gerade bei Hypothekenkrediten, wenn der Schuldner an die Bank einen wesentlich höheren als den marktüblichen Zins entrichten muss.

Urban Legends: In der Finanzwelt Gerüchte, die von vielen Marktteilnehmern für bare Münze genommen wurden. So trieb während der Euro-Krise 2011 das Gerücht, China werde massenweise Anleihen der Republik Griechenland kaufen, kurzfristig die Notierungen griechischer Staatsanleihen in die Höhe.

US GAAP (United States Generally Accepted Accounting Principles): Die in den USA am meisten genutzte und am stärksten anerkannte Form der Rechnungslegung, die allerdings von den Grundsätzen des deutschen HGB stark abweicht. Während die US GAAP im Interesse der Anteilseigner einen klaren und angemessenen Ausweis der Erträge fordern, finden im HGB die Vorschriften der kaufmännischen Vorsicht und des vorausschauenden Wirkens in höherem Maße Berücksichtigung.

Usury Law: Gesetze gegen Wucher im Bereich der Bereitstellung von Krediten und Darlehen. Auch die sogenannten Payday Loans sind davon betroffen.

UTC → Under the Counter

Utility Bond: Langfristige Anleihe, die von einem amerikanischen Unternehmen aus der Branche der Versorger ausgereicht wurde.

Value Added Tax (VAT): Mehrwertsteuer bzw. Umsatzsteuer.

Value Stocks: Werthaltige Effekten, bei denen sich der Aktienkurs durch eine sorgfältige Analyse der Unternehmenskennzahlen oder der Öffentlichkeit zugänglicher Unternehmensnachrichten zuverlässig voraussagen lassen sollte. Allerdings werden Aktienkurse nicht immer von realen Fakten, sondern auch von irrealen Erwartungen und Hoffnungen beeinflusst.

Vanilla Issue: Eine Anleihe, die eine allgemein übliche Zusammensetzung hat, also keine größeren Abweichungen hinsichtlich Laufzeit, Zins, Ausgabe- oder auch Tilgungskurs gegenüber einer Standard-Anleihe aufweist.

VAT → Value Added Tax

VC → Venture Capital

Vendor Financing: Eine spezielle Finanzierungsform, bei der der Verkäufer an den Käufer ein Darlehen ausreicht. Dies gilt als ein Instrument der Absatzsteigerung. Vendor Financing findet man oft bei Vertriebsorganisationen, die eine Kooperation mit einer Leasinggesellschaft eingehen.

Venture Capital (VC): dt. Wagniskapital, Risikokapital. Finanzmittel, die entweder der Neugründung (Start-up) oder der Weiterentwicklung wie auch der Expansion eines Unternehmens dienen können. Man unterscheidet private (Private VC) und unternehmensbasierte (Coprorate VC) Risikofinanzierung. Bei der Gabe von privatem Risikokapital spielen vermögende Personen mit höherer Risikobereitschaft eine große Rolle.

Venture Nurturing: Eine besondere Art des Corporate Venturing. Im Gegensatz zum Spin-off verbleibt dabei der Großteil der Unternehmensanteile bei der Muttergesellschaft, wenn ein Bereich ausgegründet wird.

Vertical Merger: Eine auch „vertikale Fusion" genannte Verschmelzung zweier Firmen der gleichen Branche, die aber auf verschiedenen Produktionsstufen tätig sind. Ein Beispiel wäre, wenn ein Produzent von Elektroautomobilen einen Batteriehersteller käuflich erwerben würde.

Viatical: Im Jargon der amerikanischen Versicherungsbranche die dort gängige, aber für Europäer makabre Praxis, dass Kapitalanleger die Lebensversicherungen von schwerkranken Versicherungsnehmern aufkaufen. Sie hoffen dabei auf den raschen Tod der ehemaligen Inhaber dieser Policen und verpflichten sich auch, bis zum Tod des ehemaligen Versicherungsnehmers dessen Versicherungsbeiträge weiterzuzahlen. Übrigens ist diese Finanzierungspraxis für viele der schwerkranken Menschen in den USA wichtig, da sie nur so an das Geld für eine hochwertige medizinische Versorgung gelangen können.

Vintage Year: Das Jahr, in dem ein Investmentfonds eingerichtet worden ist. Das Wort Vintage fußt in der Sprache der Winzer, die das Vintage Year für den Jahrgang eines Weines benutzen.

VIP (Very Important Person): Das Kürzel stammt aus der Zeit des 2. Weltkrieges, als die Ankunft bedeutender politischer Führer der Briten und Amerikaner auf Flugzeugen und Schlachtschiffen mit dem Akronym VIP signalisiert wurde. Heutzutage steht der Begriff allgemein für prominente Persönlichkeiten, etwa aus der Wirtschaft, der Politik oder der Unterhaltungsbranche.

Virgin Market: Ein noch junger und unerschlossener, gleichsam „jungfräulicher" Markt.

Volcker Rule: Diese nach einem Wirtschaftsberater des amerikanischen Präsidenten Barack Obama benannte Regel sieht eine scharfe Regulierung des amerikanischen Bankenmarktes vor. So fordert Paul Volcker, die Größe von Banken und Wertpapierhandelshäusern zu begrenzen, zudem sollen Banken künftig keinen Eigenhandel mehr betreiben dürfen. Diese Reformvorschläge sind auf scharfen Widerstand der amerikanischen Bankenindustrie gestoßen. Es gilt als unwahrscheinlich, dass sie ohne deutliche Abstriche umgesetzt werden.

Voodoo Economy: In den USA ursprünglich ein Schmähbegriff für die angebotsorientierte Wirtschaftspolitik Ronald Reagans. In Deutschland kennzeichnet der Begriff inzwischen eine Form des unsoliden wirtschaftlichen Handelns, das nicht auf durchdachten Konzepten, sondern auf ökonomischen Zaubertricks fußt. In beiden Fällen ziehen die das Wort verwendenden Kritiker Parallelen von Wirtschaftskonzepten (economy) zu der kreolischen Voodoo-Religion, die durch vielfältigen Aberglauben und magische Rituale gekennzeichnet ist.

Voting Stocks: Sogenannte stimmberechtigte Aktien. Diese gestatten es ihren Inhabern, auf der alljährlichen Hauptversammlung die Mitglieder des Verwaltungsrates und die mit der Abschlussprüfung betraute Wirtschaftsprüfungsgesellschaft zu wählen (voting).

Vulture Funds: dt. Geierfonds. Fonds, die Vermögenswerte aus Zwangsversteigerungen, Insolvenzen oder von in Schwierigkeiten geratenen Unternehmen aufkaufen, um sie zu einem günstigen Zeitpunkt mit hohem Profit weiterzuveräußern. Ethisch ausgerichtete Anleger betrachten diese Fonds daher als anrüchig.

Walk Away Kit: Eine von US-amerikanischen Immobilienanwälten erstellte Gebrauchsanweisung für Hypothekenschuldner, die nicht mehr willens oder in der Lage waren, ihrem Schuldendienst nachzukommen. Oft wurde diesen Personen geraten, in der Immobilie bis zum Herannahen des Zwangsversteigerungstermins wohnen zu bleiben und dann die Hausschlüssel bei dem Hypothekengläubiger abzugeben. Sie waren dann von der Schuld befreit und mussten gemäß amerikanischem Immobilienrecht keine weitere Inanspruchnahme, also Haftung mit ihrem sonstigen Privatvermögen, befürchten.

Wall Crossing: Bezeichnet den Zustand, wenn die von der Börsenaufsicht vorgeschriebene Trennung von Vertraulichkeitsbereichen (siehe Chinese Walls) durchbrochen ist.

Wall Flower: Ein Wertpapier, ein Unternehmen oder ein Industriezweig, die keine Beachtung mehr finden oder noch keine Beachtung gefunden haben.

Wall Street: Eine Straße im Süden des New Yorker Stadtbezirks Manhattan. Sie beginnt am Broadway unweit der Trinity Church und endet nahe dem East River. Ihr Name stammt aus dem 17. Jahrhundert, als sie unmittelbar an der Stadtbefestigung (Wall) lag. Diese war errichtet worden, um die damals noch unter Verwaltung des niederländischen Gouverneurs Peter Stuyvesant stehende Stadt vor der Bedrohung durch die Indianer und die Engländer zu schützen. Übrigens kennt auch die ältere deutsche Sprache noch das Wort Umwallung für Stadtmauer. Die Wall Street steht heutzutage gleichsam als Inbegriff für die amerikanische Hochfinanz und den Finanzplatz USA und genießt darum auch weltweite Bekanntheit. Während der großen Subprime Crisis stand die Wall Street jedoch auch zeitweilig für die Hybris und die Raffgier eines modernen Kasino-Kapitalismus und sah sich daher auch mit eben diesen Vorwürfen konfrontiert. Siehe auch → Occupy Wall Street.

War Babies: Wertpapiere von Firmen, die zur Rüstungsindustrie gehören und große Aufträge für das amerikanische Verteidigungsministerium abwickeln. Sie sind gewissermaßen die Babys der Kriegswirtschaft.

War Bonds: Von amerikanischen Regierungen in Kriegszeiten ausgegebene festverzinsliche Wertpapiere, die der Finanzierung der Kriegsanstrengungen dienen sollen. Während der beiden Weltkriege wurde das Zeichnen von Kriegsanleihen als

Akt der Vaterlandsliebe propagiert. So gab es beispielsweise auch noch bis Ende der 2. Weltkriegs große Veranstaltungen in Football-Stadien oder auf öffentlichen Plätzen, in denen Filmstars oder mit Auszeichnungen versehene Kriegsteilnehmer auftraten, um Zeichner für solche Kriegsanleihen zu gewinnen.

War Chest: Von einem Unternehmen absichtlich angesammelte Finanzmittel für den Plan der Übernahme eines oder mehrerer anderer Unternehmen oder zum Zwecke der Abwehr potenzieller feindlicher Übernahmen, gewissermaßen die „Kriegskasse" des Unternehmens.

War for Talents: Im Jargon der Personaler der Kampf von Firmen um hochqualifizierte Mitarbeiter. Diskussionen über Fachkräftemangel machen deutlich, dass es für viele Firmen zunehmend schwieriger wird, überdurchschnittlich qualifizierte Mitarbeiter oder Fachleute zu Gehältern zu bekommen, die diese Unternehmen für angemessen halten.

Warrant: In der Finanzwelt das englische Wort für den Optionsschein.

Wasting Asset: Wirtschaftsgüter, die sich während ihrer Nutzungsdauer abnutzen, bis sie schließlich ganz wertlos werden.

Watchlist: Eine Aufreihung von solchen Wertpapieren, die aufgrund eines verdächtig hohen Handelsaufkommens oder aufgrund einer Verschlechterung der Bonität unter Beobachtung (watch) stehen.

Watered Stock: Eine Aktie, deren Ausgabekurs deutlich über ihrem tatsächlichen Wert liegt. Das Wort entstammt angeblich der Geschäftswelt des Viehhandels. Gerissene Viehhändler pflegten ihren Tieren vor einer Auktion Salz zu geben, damit die Tiere möglichst viel Wasser (water) zu sich nahmen und dadurch bei der Versteigerung ein höheres Körpergewicht aufwiesen.

WEF → World Economic Forum

Whales: Spekulanten im Bereich des außerbörslichen Kapitalmarktes, die Summen von über 100.000 EUR oder USD in Erwartung hoher Gewinne investieren.

Whistleblower: Arbeitnehmer oder ehrenamtlich Tätige, die auf Missstände in ihrer Branche, in politischen, religiösen oder gemeinnützigen Organisationen oder auch in ihrer Firma öffentlich aufmerksam machen.

White-Collar Crime: Entsprechend der Klassifizierung von C. Wright Mills steht dieser Begriff stellvertretend für Wirtschaftskriminalität.

White-Collar Workers: Gemäß der Einteilung des amerikanischen Soziologen C. Wright Mills sind unter diesen „Arbeitnehmern mit weißem Kragen" die Büro- und Bankangestellten zu verstehen, die sich durch ihre Kleidung von Fabrikarbeitnehmern und Handwerkern (Blue-Collar Workers) unterscheiden.

White Elephant: Eine Anlage, die nicht rentabel ist und die keiner haben will. Die Bedeutung dieses Begriffs geht zurück auf echte weiße Elefanten in Thailand: Dies galten dort als heilige Tiere wie in Indien die Kühe. Man musste für sie sorgen, durfte sie aber nicht zu Arbeitsleistungen heranziehen. In der englischen Sprache steht der Ausdruck „White Elephant" daher generell für einen Gegenstand, der seinem Eigentümer keinen Nutzen, sondern nur Kosten beschert.

Whitehall: Eine Straße in London, die sich vom Trafalgar Square bis zu den Houses of Parliament erstreckt. Auf ihr sind die bedeutendsten Ministerien und Ämter angesiedelt. Daher steht der Ausdruck Whitehall auch für die britische Regierungsbürokratie oder die britische Regierung an sich.

White Knight: Das Bild vom „weißen Ritter" entstammt der Märchenwelt, wo dieser in Not geratenen Menschen zur Hilfe eilt. In der Wirtschaft bezeichnet White Knight einen Kapitalgeber oder eine Firma, die ein anderes Unternehmen durch finanzielle Unterstützung oder die Nutzung von Stimmrechten vor einer feindlichen Übernahme bewahren. Siehe auch die Übersicht Seite 247.

White Shoe Firm: In der amerikanischen Börsensprache ein Wertpapierhandelshaus, das sich strikt gegen Praktiken feindlicher Übernahmen stellt.

White Squire: Ein Investor, der einem von einer feindlichen Übernahme bedrohten Unternehmen heimlich Unterstützung gewährt, indem er Kapital oder Stimmrechte einsetzt. Siehe auch die Übersicht Seite 247.

Wholesale Banking: Das Großkunden-Geschäft als Gegenteil zum Retail Banking. Es umschreibt den Teil des Bankgeschäfts, der mit Firmenkunden, dem Staat oder anderen Banken abgewickelt wird.

Widow-and-Orphan Stocks → Orphan-and-Widow Stocks

Wildcat Strike: In den USA ein sogenannter wilder, nicht von der Gewerkschaft organisierter Streik. In Großbritannien versteht man darunter auch einen illegalen Streik.

Wildcatting: Allgemeines Vorgehen der SEC in den USA beim Auftauchen von Unregelmäßigkeiten bei einer börsennotierten Firma. Dabei werden alle börsennotierten Unternehmen der gleichen Branche unverzüglich einer schärferen Überwachung und Überprüfung unterzogen. Diese kollektive Sanktionierung soll Firmen dazu bewegen, gegen schwarze Schafe in ihrer Branche vorzugehen oder Druck auf sie auszuüben.

Window Dressing: Die kosmetische Pflege der Bilanz durch Maßnahmen, die sie mit Blick auf den Bilanzstichtag besser aussehen lassen sollen. Dazu kann beispielsweise die Aufnahme weiterer flüssiger Mittel oder das Vorziehen eines Umsatzeingangs zählen.

Working Poor: Erwerbspersonen, die trotz einer regulären Vollzeitbeschäftigung an oder unter der Armutsgrenze leben. In Deutschland heißen sie umgangssprachlich auch Hartz-IV-Aufstocker.

World Economic Forum (WEF): Das Weltwirtschaftsforum, eine im Ort Cologny im Schweizer Kanton Genf angesiedelte gemeinnützige Stiftung. Sie beschäftigt sich mit wichtigen Fragen der internationalen Ökonomie. 1971 vom Universitätsprofessor Klaus Schwab in der Schweiz gegründet, veranstaltet diese Organisation jedes Jahr eine vielbeachtete Konferenz im Schweizer Luftkurort Davos. Dort treffen Wirtschaftsfachleute, Journalisten, Politiker, Schriftsteller und Lobbyisten zusammen, um über brennende Fragen der Gesundheits-, Wirtschafts-, Umwelt- und Finanzpolitik zu reden und zu streiten.

World Trade Organization (WTO): Die in der Schweizer Stadt Genf ansässige Welthandelsorganisation, gegründet 1995 als eine Sonderorganisation der Vereinten Nationen. Sie dient der Regulation von Wirtschafts- und Handelsbeziehungen zwischen den Staaten der Welt.

Xeno Markets: Bezeichnete ursprünglich Finanzplätze in Steueroasen. Inzwischen benutzt man den Ausdruck auch für ausländische Kapitalmärkte.

Xetra → Exchange Electronic Trading

XXX-Insurance-Linked Securities (XXX-ILS): Wertpapiere, mit denen es amerikanischen Lebensversicherungsgesellschaften möglich ist, das Sterblichkeitsrisiko an private und institutionelle Kapitalanleger auf der ganzen Welt weiterzureichen. Die römische Zahl XXX (30) steht hier für die zugrundeliegende „Regulation XXX" der US-Versicherungsaufsichtsbehörde.

Yankee Bonds: In den USA ausgereichte auf USD lautende Anleihen, die von einem ausländischen Kreditinstitut oder einer ausländischen Finanzinstitution ausgegeben werden. Der Begriff Yankee als Slangbezeichnung für Nordamerikaner soll sich von der legendären Gestalt des amerikanischen Farmers niederländischer Herkunft mit Namen Jan Kees ableiten. Aus Jan Kees wurde durch die englische Aussprache und eine Verkürzung dann angeblich Yankee.

YAR → York-Antwerp Rules

Year-End Rally → Santa Claus Rally

Yellow Book: Die Börsenordnung der London Stock Exchange.

Yellow Knight: Im Ringen um die feindliche Übernahme eines Unternehmens ein Investor, der zuerst zwar eine feindliche Übernahme anstrebt, dann aber einlenkt und versucht, mit dem angegriffenen Unternehmen eine Verständigung zu finden.

Rollen bei feindlichen Übernahmeaktionen	
Verteidiger und Helfer	Angreifer
Killer Bee	Shark / Raider
White Knight	Black Knight
White Squire	Grey Knight
Yellow Knight	

Yellow Pages: Zunächst allgemein wie bei uns das Branchentelefonbuch („Gelbe Seiten"). In Großunternehmen und international tätigen Konzernen stehen die Yellow Pages jedoch für das Verzeichnis aller Mitarbeiter, die insgesamt für das Unternehmen tätig sind. Oft finden sich in diesem Verzeichnis auch Hinweise auf die Qualifikationen und besonderen Fähigkeiten der Mitarbeiter, ihre Aufgabegebiete und die Standorte, an denen sie eingesetzt sind.

Yellow Sheets: Die täglich ausgehändigten Listen der in den USA im Freiverkehr entstehenden Geld- und Briefnotierungen von Schuldverschreibungen.

Yield: Die Normalverzinsung einer Anleihe.

York-Antwerp Rules (YAR): Weltweit geltende Regelungen für die Seeversicherung, die angewendet werden, wenn Schiff und Ladung aus einer gemeinsamen Gefahr befreit werden müssen. Eine solche gleichzeitige Gefährdung von Schiff und Ladung nennt man auch „große Havarie". Die YAR werden in die Frachtverträge mit aufgenommen und beugen so der Gefahr vor, dass man den gesetzlichen Vorschriften fremder Rechtskulturen unterworfen wird.

Young Loan: Eine nach dem amerikanischen Finanzier Owen D. Young (1874-1962) benannte Anleihe in Höhe von 1,47 Milliarden Goldmark, die 1930 an die Weimarer Republik zur Bewältigung ihrer Finanzprobleme ausgereicht wurde. Zwei Drittel davon wurden für Reparationsgläubiger verwendet, das restliche Drittel für die Stützung der Konjunktur. Auf Weisung Hitlers wurden die Zinszahlungen für diese Anleihe ab 1933 eingestellt. Allerdings musste sich die Bundesrepublik Deutschland auf der Londoner Schuldenkonferenz 1953 zur Umschuldung und Übernahme dieser Anleihe verpflichten. Die vollständige Tilgung dieser Schuld erfolgte im Jahr 2010.

Youth Bulge: Jugendüberschuss. Dieser Begriff beruht auf einer These des Bremer Hochschullehrers Gunnar Heinsohn, der im Überschuss von männlichen Jugendlichen in der Gesamtbevölkerung die Triebfeder für Revolutionen und Kriege sieht. Aktuell wird kontrovers diskutiert, ob der Überschuss junger Männer in den arabischen Staaten ein gefährlicher Nährboden für Terrorismus und Revolutionen sein kann. Zum Arabischen Frühling 2011 äußerte Heinsohn jedoch die Vermutung, dass diese Gesellschaftsgruppe ebenso maßgeblich zu demokratischen Umwälzungen beitragen kann.

Yo-yo Stocks: Aktien, die starken Kursschwankungen unterliegen. Bildlich gesehen schwanken ihre Preise auf und ab wie die Bewegungen eines Jo-Jos.

Yuppies (Young Urban Professionals): Junge, gut bis sehr gut verdienende Berufstätige in Großstädten. Sie wurden gleichsam zum Kennzeichen der amerikanischen Großstadtkultur in den 1980er Jahren.

Zacks Investment Research: Ein Beratungsunternehmen, das im Auftrag von Wertpapierhändlern, Wertpapierhandelsunternehmen und Banken Gewinnvorhersagen sowie Anlagetipps für eine Vielzahl institutioneller Investoren produziert.

Zero Bonds / Zero Coupon Bonds: Anleihen, die keine jährliche Verzinsung abwerfen. Stattdessen liegt der Zinsertrag in der Differenz zwischen Ausgabekurs und Rückzahlung. Der

Ausgabekurs liegt dabei unter dem Nennwert, die Rückzahlung über ihm oder sie ist ihm zumindest gleich.

Zero Emission: In der Fachsprache der Automobilindustrie solche Kraftfahrzeuge, die keine Schadstoffe mehr ausstoßen. Meist sind Elektromobile gemeint, also batteriebetriebene Fahrzeuge, die keine Verbrennungsprodukte ausstoßen.

Zero Tolerance: Dieser Slogan von „null Toleranz" stammt ursprünglich aus der Zeit, als in man in New York begann, die Straßenkriminalität scharf zu bekämpfen und selbst Bagatelldelikte wie Schwarzfahren in der U-Bahn unnachsichtig verfolgte. Mittlerweile wird der Slogan jedoch auch von großen, börsennotierten Unternehmen im Kampf gegen Korruption und Vorteilsnahme benutzt.

Zombie Bank: Ein Kreditinstitut, dessen Gesamtwert aufgrund von Altlasten gleich null oder negativ ist. Lediglich durch staatliche Bürgschaften oder Hilfen anderer Kreditinstitute kann sie noch am Leben gehalten werden. Um sie zu sanieren, bedarf es der Auslagerung der Toxic Assets, also des Wertpapiergiftmülls, in eine Bad Bank. Andernfalls muss die betreffende Zombie Bank abgewickelt werden.

Zombie Debt: Ein Kredit, von dem sich eine Bank getrennt hat und der auf Umwegen wieder zu ihr zurückgekehrt ist, ohne dass sie das will und ohne dass sie sich dessen bewusst ist.

Literaturverzeichnis

Bachem, W.; Hamblock, D.: Wörterbuch Recht. 3., aktualisierte Auflage. Berlin 2008.

Bestmann, U.: Börsen- und Finanzlexikon. 5., völlig überarbeitete und erweiterte Auflage. München 2007.

Eckert, D.: Weltkrieg der Währungen. 2. Auflage. München 2010.

Horx, M.: Trendwörterbuch. Düsseldorf 1996.

Langenscheidts Millennium-Wörterbuch Englisch-Deutsch, Deutsch-Englisch. München 2000.

Onions, C. T.: Oxford Dictionary of English Etymology. New York 2007.

Pasakarnis, E.: Business Dictionary Englisch-Deutsch, Deutsch-Englisch. 3. Auflage. München 1997.

Pieper, N.: Die große Rezession. Amerika und die Zukunft der Weltwirtschaft. München 2009.

Pirenne, H.: Sozial- und Wirtschaftsgeschichte Europas im Mittelalter. 6. Auflage. Tübingen 1986.

Schäfer, W.: Business English. München 2006.

Internet

www.investopedia.com
www.linguee.de
www.wikipedia.org

Impressum

Bibliografische Information der Deutschen Nationalbibliothek
Die Deutsche Nationalbibliothek verzeichnet diese Publikation in der Deutschen Nationalbibliografie; detaillierte bibliografische Daten sind im Internet über http://www.d-nb.de abrufbar.

Print: ISBN: 978-3-648-02550-5 Bestell-Nr.: 00392-0001
ePDF: ISBN: 978-3-648-02551-2 Bestell-Nr.: 00392-0150

Hans-Dieter Seibert
Englische Wirtschaftsbegriffe
1. Auflage 2012, Freiburg

Redaktionsanschrift: Fraunhoferstraße 5, 82152 Planegg/München
Telefon: (089) 895 17-0
Telefax: (089) 895 17-290
Internet: www.haufe.de
E-Mail: online@haufe.de
Redaktion: Jürgen Fischer

Konzeption und Realisation: Sylvia Rein, 81371 München
Lektorat: Falk Joensson, Sylvia Rein
Satz: Beltz Bad Langensalza GmbH, 99947 Bad Langensalza
Umschlag: Kienle gestaltet, Stuttgart
Druck: freiburger graphische betriebe, 79108 Freiburg

Der Autor

Hans-Dieter Seibert,

Diplom-Kaufmann, ist Key Account Manager in der Technischen Akademie Wuppertal e.V., eines der größten Weiterbildungsinstitute Deutschlands. Zuvor war er mehrere Jahre lang Firmenkundenbetreuer im international tätigen Wall Street Institute – School of English.

Weitere Literatur

„Business English für Unternehmer", von A. Bosewitz, R. Bosewitz und F. Wörner. 232 Seiten. Euro 39,80.
ISBN 978-3-448-10155-3, Bestell-Nr. 00167

„Business English für Controller", von A. Bosewitz, R. Bosewitz und F. Wörner. 224 Seiten. Euro 39,80.
ISBN 978-3-448-10153-9, Bestell-Nr. 01477

„ABC des Finanz- und Rechnungswesens", von J. Wöltje, 255 Seiten. Euro 6,90.
ISBN 978-3-648-00313-8, Bestell-Nr. 00352

SABRINA STECK · JO B. NOLTE
Souverän auftreten
Mit Persönlichkeit und Stil gewinnen
SONDER PREIS
HAUFE.

Haufe TaschenGuides

Kompakte Informationen zum kleinen Preis